Vegetarisch vital

Marlis Weber

VEGETARISCH VITAL

HÄDECKE

Abkürzungen

EL	Eßlöffel
TL	Teelöffel
g	Gramm
Msp.	Messerspitze
l	Liter
ml	Milliliter
Pck.	Päckchen
Ø	Durchmesser

ISBN 3-7750-0274-X

© Walter Hädecke Verlag, Weil der Stadt 1998
Fotos: Edith Gerlach, Frankfurt/ Main.
Reformhaus KOCHSTUDIO: Seiten 19, 31, 39, 51, 54, 55, 70, 71.
Ulrich Kopp, Füssen: Seite 58.
Bruno Hausch, Minusio: Seite 6.
L' Eveque, Harry Bischof, München, Seite 74.
Redaktion und Layout: Monika Graff
Satz: Rund ums Buch, Rudi Kern, Nürtingen
Druck: Oehler Offset, Fellbach
Printed in Germany

Inhalt

Vegetarisch genießen

Essen ist bei uns heute keine Frage des Überlebens, sondern vielmehr eine Quelle des Genusses und der Lebensfreude. Doch gerade weil wir ständig umgeben sind von tausend Verlockungen und Angeboten, weil wir ein riesiges Spektrum von Lebensmitteln jederzeit zur Verfügung haben und geradezu in einem Schlaraffenland leben, ist für uns die Freude an dieser Genußquelle häufig sehr getrübt.

Statt zu genießen und aus diesem Genuß Lebensfreude und Gesundheit zu ziehen, pendeln immer mehr Menschen zwischen Unmäßigkeit und Selbstkasteiung hin und her. Wirkliche Genußfähigkeit ist nur noch bei wenigen Menschen vorhanden und so werden Lebensmittel oft achtlos verzehrt.

Es scheint, als ob viele die Orientierung im Dschungel des Überangebotes verloren haben oder Genuß mit Genußmitteln oder mit Luxusartikeln verwechseln. Riesige Supermärkte, durch Bestrahlung und Gentechnologie manipulierte Produkte, Skandale um Lebensmittel, Panschereien, Tricksereien, Fast food, usw. – all das beeinflußt unsere natürlichen Instinkte und überrumpelt häufig den gesunden Menschenverstand. Die Desorientierung erfolgt auch durch widersprüchliche Aussagen, was eine gesunde Ernährung ist. »Fleisch ist ein Stück Lebenskraft« soll uns glauben machen, wir brauchten viel davon. Dabei ist längst bewiesen, daß weniger Fleisch, dafür jedoch von besserer Qualität, mehr Genuß und gar kein Fleisch mehr Gesundheit bringt. Wir wissen heute auch, daß Kalorien- und Nährstoffzählen genausowenig wie achtloses In-sich-Hineinessen zu einem gesunden und genußvollen Leben auf Dauer führt. Die Unsicherheit ist groß und die Frage: was und wie kann ich überhaupt noch essen? – wird immer lauter.

Damit Essen und Trinken nicht zum Problemfall im Leben werden, geben wir Orientierung in dieser verwirrenden Vielfalt von Ernährungs- und Genußempfehlungen. Wir helfen beim richtigen Einkauf und bereichern Ihre Küche durch köstliche, frische vegetarische Rezepte.

Die Sinnlichkeit des Essens

Viele müssen den Umgang mit Genüssen erst (wieder) lernen. Essen ist schließlich ein Vergnügen, bei dem alle Sinne angesprochen werden: sehen, hören, tasten, schmecken und riechen. Geruch und Geschmack stehen in unmittelbarer Beziehung zueinander. Erst das Riechen einer Speise entscheidet über das Erleben des gesamten Geschmacks. Ein ausgeprägter Geschmackssinn steht in enger Verbindung mit Gesundheit, Vitalität und Lebensfreude. Er prüft, wählt aus, regt an, setzt Impulse, macht neugierig und bildet die Grundlage für Phantasie und Kreativität, die weit über das eigentliche Essen und Genießen von Speisen hinausgehen kann.

Wahre Genießer suchen den Genuß ohne Reue. Genießen bedeutet auch, die Sinne sensibel zu halten. Ein Übermaß erschlägt die Sinne und somit den Genuß. Im Gegensatz zum Übermaß erfreuen ständig wohl dosierte Reize unsere Sinnesorgane und somit ist Genuß auch erlernbar. Die wenigsten Menschen entfalten beim ersten, wirklich guten Wein, beim ersten Trüffelessen oder beim ersten Kennenlernen einer fremden Küche die Palette der vollen Wahrnehmungsmöglichkeiten.

So sollte es auch nicht nur bei ritualisierten Anlässen für genußvolles Essen, wie Weihnachten, Feiern usw. bleiben, sondern der Alltag sollte durch bewußtere und geschultere Sinne mit kleinen freudigen »Genußhäppchen« gespickt sein.

Erinnern Sie sich noch an die Kirschen aus Nachbars Garten, an die im Feuer gebratene Kartoffel oder an die ersten heimischen Erdbeeren ihrer Kindheit? So einfach können Genüsse sein – und es gibt mehr Beispiele: frisches Vollkornbrot mit Butter, Tomatensalat mit kaltgepreßtem Olivenöl, Müsli mit frischem Obst und Nüssen, Pellkartoffeln mit Kräuterquark, Bratapfel mit Weinbeeren, Spaghetti mit Salbei und Knoblauch, frisches Rührei mit Schnittlauch, Polenta mit Käsekruste oder ein Glas naturtrüber Apfelsaft…

Eine weitere Chance für Genußvielfalt ist die Berücksichtigung der Saisonküche. Zum Frühling gehören frische Kräuter und Salate. Der Sommer bringt Obst und Gemüse in Hülle und Fülle und bietet die Chance zu einer besonders leichten Küche. Zum Herbst gehören Kartoffel- und Getreidespeisen, Pilze und Maronen. Die Winterküche bietet Eintöpfe, Sauerkraut, Trockenfrüchte und Nüsse.

Genuß ist also nicht (nur) abhängig von Kaviar, Hummer und Champagner und steht nicht im Widerspruch zu einer ökologischen, preisbewußten oder gesundheitsorientierten Eßkultur. Die Grundprodukte müssen einfach nur gut – von bester Qualität –, die Kombination sollte aber etwas Besonderes sein.

Genuß beginnt beim Einkauf

Genuß fängt beim Einkauf an. Es regt die Sinne an, an der Käsetheke einen Käse zu probieren, wunderbare Gewürze und Kräuter zu riechen, Nüsse herrlich dekoriert bewußt auszuwählen, den einen oder anderen Zubereitungshinweis zu erfahren oder einfach in Ruhe in einer Rezeptbroschüre zu blättern.

Es macht mir dagegen keinen Spaß, geschubst zu werden und eilig meinen Wagen durch einen anonymen Laden zu schieben und in Plastik eingeschweißten,

bereits geputzten Salat zu kaufen. Der Einkauf entscheidet mehr über die Qualität und den Genußwert eines Essens als die reine Zubereitung. Deshalb lassen es sich die guten Köche nicht nehmen, mit allen Sinnen zu prüfen, bewußt auszuwählen und sich für das Beste zu entscheiden.

Die Qualität eines Lebensmittels wird durch viele Kriterien beeinflußt, beispielsweise durch Anbau, durch Tierhaltung und -fütterung und bei verarbeiteten Lebensmitteln durch die Art der Verarbeitung und durch die Rezepturen. In vielen Geschmackstests schneiden deshalb Produkte aus biologischem Anbau und schonend verarbeitete Lebensmittel besser als »genormte« Agrar-Industrieprodukte ab.

Zum Glück sind die ernährungsphysiologische Qualität und die Genußqualität ein unzertrennliches Paar. Ein hoher natürlicher Gehalt an Vitaminen, Aromastoffen, Bitterstoffen, Farbstoffen, sekundären Pflanzenstoffen u.a. erhöht ebenso die ernährungsphysiologische Qualität wie den Genußwert.

Orientierungshilfe

Auf die Frage nach dem richtigen Einkauf gibt es nicht nur eine Antwort und auch nicht die Lösung, aber es gibt Lösungsansätze. So stehen z.B. echte Öko-Produkte in vielen Bereichen deutlich besser da als herkömmliche Ware. Auch strenge Kriterien beim Einkauf der Rohware, schonende und intelligente Herstellungsverfahren und weitgehender Verzicht, auch auf erlaubte Zusatzstoffe, wie sie beispielsweise für *neuform-Produkte in Reformhäusern* vorgeschrieben sind, bieten weitgehende Sicherheit.

Um genußvoll und gesund essen zu können, ist deshalb beim Einkauf folgendes zu beachten:

o Bevorzugen Sie pflanzliche Lebensmittel aus ökologischem Landbau.

o Beim Kauf von tierischen Lebensmitteln sollte die Tierhaltung der jeweils artgerechten Haltung entsprechen.

o »Laß' die Nahrung so natürlich wie möglich« – ist nur ein Kriterium für Lebensmittelqualität. Viele unserer Lebensmittel müssen be- und verarbeitet werden, wenn dies geschieht, sollte es jedoch so schonend wie möglich geschehen.

o Lebensmittel sollten nicht genmanipuliert sein.

o Lebensmittel sollten weder radioaktiv bestrahlte Zutaten enthalten noch sollten sie selbst bestrahlt worden sein.

o Lebensmittel sollten keine chemisch-synthetische Konservierungsstoffe, synthetisch-künstliche Aromastoffe oder chemisch-synthetische Farbstoffe enthalten.

Die richtige Wahl

☐ **Getreide und Getreideprodukte**
Bevorzugen Sie Flocken und Müslis aus Vollkorn, möglichst ohne Zucker.
Bevorzugen Sie Vollkornbrot ohne Backhilfsmittel, Vollkorntoast, Vollkornknäckebrot und Vollkornnudeln.
Achten Sie auf ökologische Herkunft.

☐ **Gemüse und Gemüseprodukte**
Bevorzugen Sie frische Ware der Region nach Jahreszeit. Ergänzen Sie mit Tiefkühlgemüse ohne Zusatzstoffe, Frischkost-Sauerkraut und anderem milchsauer vergorenen Gemüse.
Vergessen Sie nicht die wertvollen Hülsenfrüchte.
Achten Sie auf ökologische Herkunft.

☐ **Obst und Obstprodukte**
Bevorzugen Sie frische Ware der Region, nicht oberflächenbehandelte Früchte.
Ergänzen Sie mit Tiefkühlobst ohne Zucker.
Verwenden Sie fruchtige Brotaufstriche und Konfitüren mit hohem Fruchtgehalt.
Verwenden Sie bei Trockenfrüchten möglichst ungeschwefelte Produkte.
Achten Sie auf ökologische Herkunft.

☐ **Milch und Milchprodukte**
Bevorzugen Sie Vorzugsmilch und pasteurisierte Milch. Verwenden Sie Produkte mit überwiegend rechtsdrehender Milchsäure ohne Zusätze, Quark und Frischkäse ohne Bindemittel, Rohmilchkäse und Käse aus pasteurisierter Milch.
Achten Sie auf ökologische Herkunft.

Öle und Fette

Bevorzugen Sie kaltgepreßte, nicht raffinierte Öle.
Wählen Sie ungesalzene Butter und ungehärtete Margarine.

Nüsse und Samen

Bevorzugen Sie beste Handelsware und diese unzerkleinert.
Verwenden Sie Nußmuse aus 100 % Nüssen.
Naschen Sie Nußschnitten mit alternativen Süßungsmitteln.

Alternativen zu Fleisch und Wurst

Bevorzugen Sie vegetarische Würstchen, Bratlinge und Brotaufstriche auf der Basis von Tofu, Getreide, Hülsenfrüchten, Hefe und pflanzlichen Fetten.

Alternativen zu Milchprodukten

Probieren Sie Sojadrinks, Reismilch und Tofu.

Fleisch, Eier und Fisch

Essen Sie wenig Fleisch oder gar kein Fleisch.
Verzichten Sie auf Innereien und auf Wurst.
Kaufen Sie frische Eier und achten Sie besonders auf ökologische Herkunft und artgerechte Tierhaltung.
Wenn Sie Fisch kaufen, achten Sie auf Frischequalität.

Gewürze und andere Spezialiäten

Bevorzugen Sie Einzelgewürze oder reine Gewürzmischungen ohne Zusätze.
Achten Sie darauf, daß sie unbegast und unbestrahlt sind.
Bevorzugen Sie Balsamico- oder Obstessig.
Bei Würzmitteln bevorzugen Sie Hefe, Gemüsebrüheextrakt ohne gehärtete Fette und traditionell hergestellte Sojasauce.

Süßungsmittel

Bevorzugen Sie zum Süßen Vollzucker, Trachtenhonig, Fruchtdicksäfte, Agavensüße, Ahornsirup und verwenden Sie nur geringe Mengen an Zucker.

Alkoholfreie Getränke

Bevorzugen Sie natürliche Mineral- und Heilwässer.
Wählen Sie frisch gepreßte Frucht- und Gemüsesäfte mit 100%-Fruchtanteil.
Bei Früchte- und Kräutertees bevorzugen Sie beste Handelsware mit gutem Aroma.

Alkoholische Getränke

Bevorzugen Sie beste Weine und Biere aus ökologischem Anbau.
Verzichten Sie auf scharfe alkoholische Getränke.

Neue Genußküche

Kochen gehört heute zu einem gesunden Lebensgefühl und wird sogar als Mittel zur Streßbewältigung angesehen. Der Trend geht zur »cuisine individuelle«. Es ist eine Küche, in der ausprobiert, individuell zusammengestellt und auf Harmonie der verwendeten Zutaten geachtet wird. Das Körpergefühl während und nach dem Essen entscheidet über den wahren Genuß.

Haben Sie auch manchmal den Geschmack eines guten leichten Essens oder Weines vom Vorabend noch morgens auf der Zunge und fühlen sich dabei gut und beschwingt?

Qualität ist oberstes Gebot beim Einkauf. Zum Kochen bevorzugen gute Köche milde Herdhitze. Neben herrlichen Frischkostvarianten sind sanfte (kurze) Garverfahren angesagt. Dünsten, dämpfen, pochieren und blanchieren wecken das Aroma, ohne wertvolle Bestandteile zu zerstören.

Die zeitgemäße Küche ist leicht, sie bevorzugt pflanzliche Lebensmittel, achtet auf Bekömmlichkeit und verabschiedet sich von alten Zöpfen. Es muß nicht immer Fleisch sein und Wurst ist für viele bereits tabu. Der Salat muß nicht immer vor dem Hauptgang gegessen werden, wenn dies nicht paßt oder bekommt.

Es darf auch Weißwein zum Käse und Rotwein zum Fisch serviert werden, wenn dies eine geschmackliche Harmonie ergibt. Müsli ist nicht unwiderruflich ein Frühstücksgericht, sondern kann auch mittags eine Gaumenfreude sein.

Wichtig sind Kenntnisse über Lebensmittel. Erfahrungen mit Kombinationen verschiedener Lebensmittel ergeben sich beim bewußten Essen und durch das Gefühl nach dem Essen.

So sind beispielsweise seit Jahrtausenden die Gewürze eine tragende Säule der Kochkunst.

Auch der Umgang mit Säure, der Einsatz von Fett, die Dosierung der Süße, die richtige Bindung von Saucen und Suppen sind wichtig für Bekömmlichkeit und Genuß.

So braucht die Karotte das Fett, der Fisch die Säure, der Braten den Beifuß, die Nudel das Öl, das Brot die Butter, das Müsli die Milch, der Rosenkohl den Frost, die Hülsenfrucht den Winter, die Melone den Sommer.

Freude am Experimentieren

Essen als kulturellen Akt, der allen Sinnen neue Dimensionen eröffnet, findet man traditionell eher in Küchen der Mittelmeerländer – auch in der asiatischen, vor allem in der japanischen Küche. Bewußter Einkauf, sorgfältige Lebensmittelauswahl und liebevolle meisterhafte Zubereitung werden in diesen Ländern als höchste Leistung anerkannt. Bei uns wird dies noch immer oft als unnötige Schlemmerei abgetan.

Obwohl gerade in südeuropäischen Ländern viel gegessen und getrunken wird, leben die Menschen dort gesünder. Gemüse, Salate, Obst, Kräuter und die hervorragenden Öle stehen bevorzugt auf dem Speiseplan, viele vegetarische Ideen kommen von dort. Denn die Küche ist leicht, sie beschwert nicht und hält die Menschen vital.

Wir haben heute die Chance, diesen multikulturellen Einfluß zu nutzen. Wir können dabei lernen, können uns inspirieren lassen und können neue Erfahrungen sammeln. Dabei entwickeln wir Schritt für Schritt unseren persönlichen Stil des Essens und können uns an der individuellen Weiterentwicklung der eigenen Kochkunst täglich erfreuen und so zur eigenen Vitalität beitragen.

Essen Sie sich vital

☐ Kochen und essen mit Spaß bringt Vitalität.
☐ Sehen Sie Ernährung nicht dogmatisch und stehen Sie zu Ihren Vorlieben Die Auswahl der Lebensmittel und Maßhalten spielen dennoch eine Rolle.
☐ Unterscheiden Sie zwischen Idealgewicht und Wohlfühlgewicht und lassen Sie sich durch kein unsinniges Modediktat irritieren.
☐ Bei unseren Rezepten steht der Genuß im Vordergrund. Dennoch haben wir bei allen Rezepten die Kalorien- und Joule-Angaben berücksichtigt – zu Ihrer Orientierung.
☐ Falls Sie zwischendurch entschlacken oder auch einige Pfunde schnell loswerden möchten, planen Sie einen »Schalttag« ein. Ob Safttag. Molketag, Reistag oder Körnerkur, wählen Sie aus – nach Ihrem Geschmack.

Spezialitäten

Nachfolgend stellen wir Ihnen besondere Produkte vor, mit denen es vor allem in der vegetarischen Küche besonderen Spaß macht zu experimentieren, auszuprobieren und neue Geschmacksrichtungen kennenzulernen.

Tofu

Tofu wird aus Sojamilch hergestellt, enthält ca. 8 % Eiweiß, wenig Fett und viele Mineralstoffe und Vitamine.

Tofu ist kalorienarm und gut verträglich.

Ursprünglich stammt Tofu aus Ostasien und hat dort eine noch größere Bedeutung als bei uns der Quark. Er spielt eine besondere Rolle in der vegetarischen Ernährung, denn Tofu ist eine wunderbare Alternative zu Fleisch und Wurst, aber auch zu Quark und Käse. Wertvoll und hilfreich ist der Einsatz bei Milch- und Ei-Eiweiß-Allergikern.

Tofu hat wenig Eigengeschmack und läßt sich daher, entsprechend gewürzt, paniert oder eingelegt, mit zahlreichen Lebensmitteln kombinieren, verarbeiten oder als Brotbelag verwenden.

So marinieren Sie Tofu

Mit Zitronensaft oder Balsamicoessig und Olivenöl beträufeln. Leicht salzen und mit geschnittenem Knoblauch belegen oder mit Hefewürze bestreuen und mit Sojasauce beträufeln.

Lupinenquark

Lupinenquark ist Tofu sehr ähnlich und wird auch ähnlich produziert. Die Samen der Süßlupinen werden in Wasser eingeweicht, gequollen und dann gemahlen. Anschließend wird die Masse mit Wasser extrahiert und filtriert. Daraus entsteht zum Einen eine Lupinenmilch und zum Anderen das eiweiß- und ballaststoffreiche Rocara. Lupinenmilch wird gekocht, wobei das Eiweiß gerinnt und sich Molke absetzt. Aus diesem geronnenen Milcheiweiß entsteht schließlich ein stichfester gelblicher Quark, der für weitere Produkte die Grundlage bildet. So gibt es Lupinenquark geräuchert, Bratlinge sowie verschiedene Brotaufstriche, die aromatisiert und mit weiteren Zutaten versehen werden.

Du-Puy Linsen

Die aus Frankreich stammenden Du-Puy Linsen sind etwas Besonderes in der Linsenwelt.

Wie bei allen braunen und grünen Linsen bleibt die Form beim Garen erhalten, doch ihr Geschmack ist außergewöhnlich und unvergleichlich.

Zum Garen gibt man sie in kalte Gemüsebrühe und läßt sie ca. 15 Minuten bei geringer Energiezufuhr köcheln. Zwischendurch sollte ab und zu nachgeschaut werden, denn der Unterschied zwischen perfekt auf den Punkt gegarten und übergarten Linsen beträgt nur wenige Minuten. Falls sie nach dem Garen nicht als feine Suppe direkt gegessen werden, sollten sie abgegossen werden, um ein Nachgaren zu verhindern.

Wunderbar schmecken Du-Puy Linsen – warm als Beilage mit Zwiebeln, Knoblauch und vielen Kräutern gekocht – kalt in Salaten mit kaltgepreßtem Olivenöl, Zitronensaft, kleingewürfelten Tomaten und kleingeschnittener Minze – lauwarm mit Balsamicoessig, eingeweichten Rosinen und kaltgepreßtem Walnußöl als kleine Vorspeise. Auch als Salat zubereitet mit Gemüsen des Sommers bereichern sie die Küche. Für derbe, langgekochte Eintöpfe sind sie eigentlich zu schade.

Wildreis – aber der Echte

Wildreis wächst vornehmlich in seichten Gewässern um die Seen an der amerikanisch-kanadischen Grenze.

Achten Sie beim Einkauf auf echten Wildreis aus der beschriebenen Region (oder auf Bioanbau). Die grün geernteten und durch Trocknung dunkel gewordenen Körner eines Wassergrases haben ein unvergleichliches Aroma und einen nußartigen, sehr intensiven Geschmack. Sie sind reich an Vitaminen und Mineralstoffen.

Die Körner müssen lang, dunkel und prall, der Bruchanteil soll klein sein.

Durch seine hohe Wasseraufnahmefähigkeit beim Kochen ist er deutlich ergiebiger als Weißreis.

Kochen Sie Wildreis in der 3-4 fachen Menge leicht gesalzenen Wassers oder Gemüsebrühe ca. 45 Minuten. Er ist gar, wenn sich die aufgequollenen Körner öffnen und leicht einrollen. Er muß auf jeden Fall noch Biß haben.

Wildreis paßt zu allen feinen Saucen, Ragouts und Frikassee; auch die asiatische Küche mit ihrer Gewürzvielfalt bereichert er. Geschmacklichen Pfiff bekommt er durch Zugabe von etwas Weißwein oder Zitronensaft kurz vor Garende. Oder mit wenig abgeriebener Zitronen- oder Limettenschale bestreut (nach dem Abgießen).

Besonders fein schmeckt er in Salaten, zum Beispiel mit angerösteten Cashewnüssen und frischem Gemüse. Auch zu Tofu, Pilzen, Käse oder kombiniert mit Obst schmeckt er gut.

Kaltgepreßte Nußöle

Von kaltgepreßtem Sonnenblumenöl muß man nicht mehr viel erzählen. Viele kennen es, schätzen es und können damit in der Küche bestens umgehen.

Von neuer kulinarischer Kreativität zeugt hingegen die Verwendung von Nußölen.

Neben wertvollen Inhaltsstoffen haben Walnuß- und Haselnußöl unvergleichliche Aromastoffe, Sie können damit die feinsten Salate zubereiten.

Daraus hergestellte Dressings geben Sommer- wie Wintersalaten einen ganz besonderen Geschmack.

Nach dem Motto »Vom Einfachen das Beste« ist ein getoastetes Brot oder Baguette mit Nußöl beträufelt und dazu ein gutes Glas Wein, zu empfehlen.

Achten Sie beim Kauf von Nußölen auch bei Sesam-, Mohn-, Kürbis- und Leinöl auf den Zusatz: kaltgepreßt und unraffiniert. Nur so bleiben wertgebende Inhaltsstoffe, Farbstoffe und Geschmacksstoffe erhalten.

Nußöl Vinaigrette

1 EL Rotweinessig
2 EL Zitronensaft
5 EL Walnuß- oder Haselnußöl
1 Schalotte, fein gehackt
Meersalz
schwarzer Pfeffer, frisch gemahlen
2 EL Hasel- oder Walnüsse grob gehackt und ohne Fett leicht geröstet

Alle Zutaten mit einer Gabel miteinander verrühren.

Nußöl-Honig-Dressing

2 EL Zitronensaft
5 EL Walnuß- oder Haselnußöl
1 EL milder Senf
1 – 2 EL Honig
Meersalz, weißer Pfeffer
zerstoßene Korianderkörner
2 EL Hasel- oder Walnußkerne, geröstet

Alle Zutaten mit einem Schneebesen gut miteinander vermischen und zuletzt die ohne Fett leicht angerösteten Nußkerne unterheben.

Balsamicoessig oder Aceto Balsamico

Als der Balsam(ico)essig über seine Heimat hinaus bekannt wurde, waren Feinschmecker ganz glücklich, ein winziges Fläschchen davon zu besitzen, in bestimmten Kreisen war man damit »in«.

Das Original, nach uraltem Rezept gebraut, stammt aus den italienischen Provinzen Modena und Reggio Emilia.

Balsamessig sollte mindestens 4-5 Jahre im Faß lagern, er kann aber auch 10, 20, 40 oder mehr Jahre reifen, bis aus ihm eine dicke, köstliche Flüssigkeit entstanden ist.

Der Essig muß eine strenge Prüfung bestanden haben, bevor er sich »Aceto Balsamico tradizionale di Modena bzw. Reggio Emilia« nennen darf.

Die länger gereiften, stärker konzentrierten Sorten sind sehr teuer. Balsamessig hat ein wunderbares, unvergleichliches Aroma, das süß, würzig und nussig zugleich ist.

Betrachten Sie diesen Essig als eine Aromazutat oder köstliche Würze.

Er paßt hervorragend in die vegetarische Küche. Träufeln Sie ihn über gegrillte oder gebratene Speisen oder heben Sie mit ihm den Geschmack von Saucen, insbesondere von Gemüsesaucen. Auch feinen Suppen, gedünsteten Gemüsegerichten und Tofugerichten verleiht er ein wunderbares Aroma. Wichtig ist, daß Balsamessig immer am Ende der Garzeit hinzugefügt wird, er darf nicht kochen. Zu starkes Erhitzen zerstört sein Aroma und zurück bleibt eine gewöhnliche saure Flüssigkeit.

Für die Salatzubereitung, aber auch für Avocadocremes und feine Quarkspeisen eignet er sich hervorragend; selbst über Erdbeeren oder Fruchtsalate geträufelt, schmeckt er köstlich.

Schabzigerklee

Schabzigerklee ist als Gewürz in den Alpenländern bekannt, ansonsten bei Kennern noch ein Geheimtip.

Er gehört zu den Gewürzen mit intensivstem Geruch und Geschmack. Auch die kleinste Prise verströmt noch nach Stunden ein starkes Aroma und ist unverwechselbar.

Zum Würzen wird er in gemahlener Form angeboten. Seine Farbe ist blaßgrün, der Geruch ist kleeartig würzig und sehr aromatisch. Dank seines aparten Aromas würzt er kräftig aber nicht scharf.

Geschmacklich aufgewertet werden vorwiegend deftige Speisen, wie Eintöpfe, Kohlgemüse, vegetarische Füllungen, auch Brotaufstriche und Pasteten. Köstlich schmeckt Quark mit Frühlingszwiebeln, Radieschen, mit Schabzigerklee gewürzt, zu Pellkartoffeln oder frisch gebackenem Brot.

Probieren Sie dieses köstliche, ungewöhnliche Gewürz. Sie werden begeistert sein und es in Ihrer Küche nicht mehr missen mögen.

Übrigens: Schabzigerklee aus dem Reformhaus ist aus biologischen Anbau.

Mandelmus

Mandelmus, eine Delikatesse aus Mandeln hergestellt, ist eine echte Bereicherung der feinen vegetarischen Küche.

Diese äußerst schonende Herstellung gewährleistet eine weitestgehende Erhaltung aller Nährstoffe sowie Geschmacks- und Aromastoffe der Mandeln.

Mandelmus im Reformhaus enthält keinerlei Zusatzstoffe, wie z.B. Emulgatoren. Deshalb sondert sich das Öl an der Oberfläche ab. Dieses köstliche Mandelöl bildet eine natürliche Schutzschicht, das Produkt konserviert sich sozusagen selbst. Rühren Sie das Öl vor Gebrauch mit einer Gabel unter das Mus. Schütten Sie es auf keinen Fall weg oder verwenden Sie es auch nicht anderweitig, denn das Mus verliert sonst seine Geschmeidigkeit und trocknet aus.

Mandelmus ist im Geschmack besonders mild und unaufdringlich. Es ist einfach köstlich und läßt sich außerdem vielseitig verwenden.

Sehr lecker sind daraus hergestellte Cocktails und Drinks; ob mit Fruchtsäften, Milch oder Likör gemixt, ergeben sich feinste Kreationen.

Ideal geeignet für die Herstellung von Desserts, Cremes, Puddings und Quarkspeisen.

Fein und zart als Eis- und Parfaitzutat.

Beliebt als Verfeinerung für Müslis, Obstsalate und helle Fruchtgrützen.

Köstlich, – einfach als Brotaufstrich in Kombination mit Honig und feinen Konfitüren.

Beliebt als Backzutat, besonders für Güsse auf Apfel- und Pflaumenkuchen und zur Herstellung von Konfekt und Pralinen geeignet.

Pinienkerne

Pinienkerne gehören zu den wichtigsten Nüssen des Mittelmeerraumes. Sie werden dort für vielerlei Gerichte verwendet und den Köchen fallen immer wieder neue Kreationen ein.

Sicher das bekannteste Rezept mit Pinienkernen ist der »pesto alla genovese«, eine dicke Paste aus Pinienkernen, Basilikum, Parmesan, Knoblauch und Olivenöl, alles im Mörser miteinander fein zerstampft. Pesto ist der Stolz vieler Restaurants, die, trotz hohem Arbeitsaufwand, ihn noch immer selbst herstellen.

Doch es gibt noch viele andere südliche Rezepturen mit Pinienkernen – Gemüsegerichte, köstliche Fruchtsaucen, herzhafte Kuchen und feine Desserts. In Sizilien werden Pinienkerne mit Rosinen und gewürfelten Auberginen zubereitet, mit Balsamicoessig abgeschmeckt und als Beilage zu Fisch und Fleisch serviert.

Wunderbar schmecken die angerösteten Pinienkerne über grüne Salate gestreut, angemacht mit kaltgepreßtem Nuß- oder Olivenöl; zu fein geriebener Frischkost, wie Möhren, Kohlrabi oder Fenchel; unter gedünstetem Spinat in Kombination mit Weinbeeren; über Gemüsegratins gestreut und natürlich in vielen Desserts und Gebäck.

Frühstücksideen zum Munterwerden

Mohn- Brötchen

ca. 15 Brötchen

450 g Weizenvollkornmehl
80 g Mohn
250 ml lauwarme Milch
1 Pck. Trockenhefe
2 EL Honig
50 g ungehärtete Pflanzenmargarine
1 TL Meersalz
10 zerstoßene Korianderkörner
lauwarme Milch zum Bestreichen

Mehl und Mohn (1 TL zurückbehalten) in eine Schüssel geben. Mit lauwarmer Milch, Hefe, Honig, zerlaufener Pflanzenmargarine, Salz und Koriander verrühren und abgedeckt ca. 30 Minuten gehen lassen.

Gut durchkneten und ca. 15 Brötchen formen. Nochmals 30 Minuten gehen lassen. Mit lauwarmer Milch bestreichen und mit dem restlichen Mohn bestreuen. Im vorgeheizten Backofen bei 200 °C ca. 30 Minuten backen.

Können vorbereitet werden und lassen sich gut einfrieren.

Pro Stück ca. 140 Kcal/560 Kj.

Bananen-Muffins

für 16 Muffins

100 g kalifornische Weinbeeren
Saft von 1 Orange
150 g Sauerrahm
2 Bananen
1 Prise Meersalz
130 g Rohrzucker
1 Prise Vanillezucker
abgeriebene Schale einer unbehandelten Orange
80 g Butter
3 Eier
175 g Weizenvollkornmehl
1 Prise Weinsteinbackpulver

Weinbeeren in Orangensaft einweichen.
Sauerrahm, Bananenstücke, Meersalz, die Hälfte des Rohrzuckers, Vanillezucker und abgeriebene Orangenschale pürieren. Butter mit dem restlichem Zucker und Eiern schaumig rühren. Mehl und Backpulver zugeben und alles miteinander verrühren.
In Muffins- oder Papierförmchen füllen und auf der mittleren Schiene im vorgeheizten Backofen bei 180 °C ca. 20 Minuten backen.

Pro Stück ca. 160 Kcal/ 640 Kj.

Apfel-Pancakes

für 12 Stück

125 g Weizenvollkornmehl
3 Eier
200 ml Milch
2 EL Vollzucker
1 Pck. Vanillezucker
1 TL Zimt
4 Äpfel
Saft von einer Zitrone
Pflanzenfett zum Braten
2 EL Sesam
4 EL Ahornsirup

Mehl, Eier, Milch, Zucker, Vanillezucker und Zimt miteinander verrühren.
Äpfel schälen, würfeln oder in dünne Scheiben schneiden.

Mit Zitronensaft beträufeln. Äpfel zu dem Teig geben, gut miteinander vermischen.
Fett erhitzen, mit einem Löffel jeweils eine Portion in die Pfanne geben, mit Sesam bestreuen und kleine goldgelbe Pfannkuchen braten.
Mit Ahornsirup beträufeln.

Pro Portion ca. 400 Kcal./ 1600 Kj.

Porridge – very british

2 Portionen

400 ml Wasser

6 – 8 EL grobe Haferflocken

Meersalz

1 EL Vollzucker

2 EL Weinbeeren

oder 6 Trockenpflaumen,

in Streifen geschnitten

100 ml flüssige Sahne

Wasser zum Kochen bringen, Haferflocken, Salz, Zucker und Weinbeeren oder Trockenpflaumen zugeben, ca. 10 – 15 Minuten ausquellen lassen.
In Portionsschalen füllen und mit kalter Sahne übergießen.

Pro Portion ca. 260 Kcal./1040 Kj.

Buntes Rührei

2 Portionen

3 – 4 Eier aus artgerechter Tierhaltung

5 EL Milch

Meersalz

schwarzer Pfeffer

1 Tomate

1/2 Paprikaschote, grün

2 EL Schnittlauchröllchen oder

1 Tasse Sprossen

Fett zum Braten

Eier mit Milch, Salz und Pfeffer verquirlen.
Tomaten und Paprika vierteln, Kerne entfernen und das Gemüse in kleine Würfel schneiden.
Eier in heißes Fett geben und kurz stocken lassen. Tomaten, Paprika, Schnittlauch oder Sprossen darüberstreuen und von beiden Seiten goldgelb braten.
Dazu paßt kräftiges Vollkornbrot.

Pro Portion ca. 250 Kcal./1000 Kj.

Feinschmeckermüsli

2 Portionen

150 g Sanoghurt, 3,5 % Fett

150 g saure Sahne oder

125 g geschlagene Sahne

1 Prise Vanille

1 – 2 EL Honig

6 EL leicht angeröstete Haferflocken (ohne Fett)

2 EL leicht angeröstete gehackte Haselnüsse

500 g Obst, der Jahreszeit entsprechend

etwas abgeriebene Zitronenschale

Die Zutaten miteinander mischen.

Das Müsli kann auch mit in Buttermilch eingeweichtem Weizenschrot, mit Dinkel oder Weizenflocken zubereitet werden.
Geschlagene Sahne macht es besonders lecker.

Pro Portion ca. 380 Kcal./1520 Kj.

Schnellmüsli

2 Portionen

8 EL Fertigmüsli mit 500 ml Milch übergießen, evtl. frische Früchte hineinschneiden

Pro Portion ca. 250 Kcal./1000 Kj.

Saucen, die feinen

Sauerampfer-Sauce

6 Portionen

600 ml Weißwein
250 ml Sahne 30% Fett
1 TL Butter
Meersalz, weißer Pfeffer
Saft von einer halben Zltrone
10 Blätter Sauerampfer

Weißwein in einen Topf geben und einkochen lassen. Sahne zugeben, unter Rühren ebenfalls um die Hälfte einkochen lassen. Butter zugeben, gut verrühren und mit Salz, Pfeffer und Zitronensaft abschmecken.
Sauerampfer waschen, verlesen und pürieren, mit der Sauce vermischen.
Die Sauce wird heiß gegessen und paßt besonders gut zu Eierspeisen.

Pro Portion ca. 190 Kcal./760 Kj.

Kräuter-Sauce

6 Portionen

Zutaten und Zubereitung wie Sauerampfer-Sauce. Jedoch statt mit Sauerampfer mit gewiegten Kräutern (Kerbel, Basilikum, Schnittlauch und Petersilie) und schwarzem Pfeffer vermischen.

Die Sauce wird heiß gegessen und paßt zu Nudeln und feinen Gemüsegerichten.

Basilikum-Sauce mit Pinienkernen

6 Portionen

8 EL kaltgepreßtes Sonnenblumenöl
2 – 3 EL Weißweinessig
4 EL Sahne 30% Fett
3 EL Pinienkerne
Meersalz
Pfeffer aus der Mühle
ganz wenig Paprika (edelsüß)
10 Basilikumblätter
1 hartgekochtes Eigelb

Öl, Essig und Sahne verquirlen. Pinienkerne mit dem Messerrücken zerdrücken, mit Salz, frisch gemahlenem Pfeffer und den Basilikumblättern zu der Sauce geben.
Das Eigelb durch ein Sieb drücken und darüberstreuen.

Die Sauce wird kalt gegessen, paßt zu Tofugerichten und feinen, zarten, gedünsteten Gemüsespeisen.

Pro Portion ca. 150 Kcal./600 Kj.

Tip
Etwas geschlagene Sahne zum Schluß unterheben – das macht Saucen besonders luftig und leicht.

Frische Tomatensauce

4 Portionen

4 gehäutete Tomaten
150 g Crème fraîche
1 zerdrückte Knoblauchzehe
1 Prise Vollzucker
Meersalz
schwarzer Pfeffer
1 Stengel Basilikum

Tomaten vierteln, entkernen und pürieren. Crème fraîche, zerdrückten Knoblauch, Vollzucker, Meersalz und Pfeffer unterrühren, mit Basilikumstreifen würzen.

Die Sauce wird kalt gegessen, paßt zu Tofu, Nudeln sowie fritiertem Gemüse.

Pro Portion ca. 150 Kcal./600 Kj.

Kürbiskernsauce

6 Portionen

125 ml Schlagsahne
2 Becher Sanoghurt
Meersalz
1 zerdrückte Knoblauchzehe
4 EL Kürbiskerne, leicht angeröstet
1 zerschnittene Frühlingszwiebel

Sahne steif schlagen und vorsichtig mit Sanoghurt verrühren. Mit Meersalz und Knoblauch würzen, einige Kürbiskerne zur Garnitur zurücklassen, den Rest kleinschneiden oder im Mörser zerdrücken, zur Sauce geben.
Mit ganzen Kürbiskernen und geschnittenen Frühlingszwiebeln garnieren.

Die Sauce wird kalt serviert und paßt besonders gut zu Backkartoffeln.

Pro Portion ca. 150 Kcal./600 Kj.

Radieschen-Sesam-Sauce

6 Portionen

300 g Crème fraîche
1 EL gekörnter Senf
1/2 TL Honig
Meersalz
Pfeffer aus der Mühle
2 EL kleingehackte Radieschenwürfel
3 EL leicht angerösteter Sesam
3 EL geschnittener Dill

Crème fraîche mit Senf, Honig, Salz und Pfeffer würzen und gut verrühren.
Radieschenwürfel, Sesam und Dill unterrühren.

Die Sauce wird kalt gegessen und paßt zum Dippen aber auch zu Pellkartoffeln und Gemüsegerichten.

Pro Portion ca. 130 Kcal./520 Kj.

Salat vital

Rettich-Frischkost mit Nüssen

4 Portionen

1 Bund Radieschen
1 weißer und 1 roter Rettich
1/2 Kopf Eisbergsalat
1/2 Becher Kefir
Saft von 1/2 Zitrone
1 TL Senf
4 EL kaltgepreßtes Sesamöl
1 Prise Vollzucker
Hefestreuwürze
je 1 TL Sesam, gehackte Walnüsse und gehackte Cashewkerne

Radieschen putzen, Rettiche abschaben und alles in feine Stifte schneiden. Eisbergsalat vorbereiten und in feine Streifen schneiden.

Aus Kefir, Zitronensaft, Senf, Öl, Vollzucker und Hefestreuwürze eine Marinade herstellen. Mit Radieschen, Rettich und Eisbergsalat mischen, die Nüsse zugeben und 10 Minuten durchziehen lassen.

Pro Portion ca. 160 Kcal./640 Kj.

Bleichselleriesalat

4 Portionen

1 Staude Bleichsellerie
1 mittelgroße Möhre
1 mittelgroßer Apfel
1 Schälchen Kresse oder selbstgezogene Kresse
3 EL Erdnußmus
2 EL kaltgepreßtes Erdnußöl
Saft von 1/2 Zitrone
1 TL Honig
Meersalz, weißer Pfeffer
3 zerdrückte Korianderkörner
1 EL grobgehackte Erdnüsse

Bleichsellerie in sehr dünne Scheiben, Möhre und Apfel in feine Stifte schneiden. Kresse vorsichtig abschneiden, waschen und abtropfen lassen.

Aus Erdnußmus, Öl, Zitronensaft, Honig und den Gewürzen eine Sauce herstellen.
Alle Zutaten miteinander mischen.
Mit Erdnüssen bestreuen.

Als Vorspeise zu Vollkorncrêpes, Seite 60.

Pro Portion ca. 180 Kcal./720 Kj.

Spinat-Ei-Salat

ca. 300-400 g Spinat
1 mittelgroßer Apfel
Saft von 1/2 Zitrone
4 hartgekochte Eier
5 EL Sahne 30% Fett
1 EL Senf
3 EL Weinessig
Meersalz
Hefestreuwürze
1 Bund Schnittlauch

Spinatblätter waschen, harte Stiele entfernen, in Streifen schneiden. Apfel in dünne Blättchen schneiden, mit Zitronensaft beträufeln
Hartgekochte Eier trennen, Eiweiß würfeln, beiseite stellen, Eigelb zerdrücken, mit Sahne, Senf, Essig, Meersalz und Hefestreuwürze cremig rühren.

Spinatblätter mit der Sauce vermengen und mit Eiweißwürfeln bestreuen.

Pro Portion ca. 100 Kcal./400 Kj.

Rotkohl-Apfel-Salat

4 Portionen

3 EL Weinbeeren
3 EL Apfelsaft
1 kleiner Kopf Rotkohl
2 Äpfel
2 EL Erdnüsse
Saft von 1/2 Zitrone
2 EL Balsamicoessig
1 TL Honig
5 EL kaltgepreßtes Sonnenblumenöl
Meersalz, weißer Pfeffer
1 zerdrückte Knoblauchzehe
1 Stück kandierter, gehackter Ingwer

Die Weinbeeren in Apfelsaft einweichen. Zwischenzeitlich den Rotkohl putzen, waschen und in feine Streifen schneiden. Äpfel vierteln, entkernen und blättrig schneiden.
Weinbeeren, Rotkohl, Äpfel, Erdnüsse und Zitronensaft miteinander mischen.

Aus Essig, Honig, Öl, Meersalz, Pfeffer, Knoblauch und Ingwer eine Sauce herstellen und den Salat damit anmachen.

Pro Portion ca. 225 Kcal./900 Kj.

Eisbergsalat mit Pilzcreme

4 Portionen

1 Eisbergsalat
1 Bund Radieschen
200 g Champignons
Saft von einer Zitrone
1 Becher Sanoghurt
1 Becher Schmand, 24 % Fett
3 EL pürierte Tomaten
1/2 TL Paprika edelsüß
Meersalz, Pfeffer, Cayennepfeffer
1/2 TL Honig
10 Basilikumblätter, geschnitten

Eisbergsalat achteln, je 2 Schnitze auf einem Teller anrichten. Radieschen putzen, vierteln und auf den Tellern verteilen.

4 Champignons zur Garnitur verwenden; den Rest der Pilze mit Zitronensaft, Sanoghurt, Schmand, Tomatenpüree, den Gewürzen und Honig pürieren oder in den Mixer geben.

Salat und Radieschen mit der Champignonsauce überziehen. Mit in Scheiben geschnittenen Champignons und Basilikum bestreuen.

Pro Portion ca. 180 Kcal./720 Kj.

Rosenkohlsalat

4 Portionen

500 g Rosenkohl
Meersalz
20 g Pinienkerne
100 g schwarze Oliven
1 kleine Zwiebel
4 Tomaten
Hefestreuwürze
schwarzer Pfeffer
1 Prise Oregano
4 -5 EL Weißweinessig
6 EL kaltgepreßtes Olivenöl
150 g Schafskäse

Rosenkohl putzen, halbieren und in kochendem Salzwasser ca. 5 Min. blanchieren. Kalt abschrecken und abtropfen lassen. Pinienkerne ohne Fett kurz anrösten. Oliven halbieren und entsteinen. Zwiebel in Würfel, Tomaten in Streifen schneiden.

Alle Zutaten mischen, mit Hefestreuwürze, Pfeffer, Oregano, Essig und Öl abschmecken. Zum Schluß den gewürfelten Schafskäse untermengen.

Pro Portion ca. 440 Kcal./1760 Kj.

Blumenkohlfrischkost mit Avocado-Dressing

4 Portionen

1/2 Blumenkohl
1 Bund Radieschen
Saft von einer unbehandelten Zitrone
1/2 Tasse Sprossen

Sauce

1 Eigelb
1 TL Senf
3 EL kaltgepreßtes Walnußöl
1 EL Balsamicoessig
Meersalz, Pfeffer a. d. Mühle
1 reife Avocado

Zum Bestreuen

2 EL gehackte, leicht angeröstete Walnüsse

Blumenkohl grob raspeln, Radieschen fein schneiden. Mit der Hälfte des Zitronensaftes beträufeln. Sprossen abspülen und abtropfen lassen.

Zur Sauce Eigelb mit Senf, Balsamicoessig und dem restlichen Zitronensaft cremig rühren. Öl langsam zugeben und mit Salz und Pfeffer abschmecken.

Avocado schälen, mit der Gabel fein zerdrücken, zum Dressing geben und verrühren. Mit dem Blumenkohl und Radieschen vermischen.
Mit Sprossen garnieren und mit Nüssen bestreuen.

Pro Portion ca. 200 Kcal./800 Kj.

Sauerkraut-Apfel-Frischkost

4 Portionen

400 g Frischkost-Sauerkraut
2 mittelgroße Äpfel
2 Gewürzgurken
1 kleine Zwiebel
2 EL Apfelsaft
weißer Pfeffer, ganzer Kümmel
4 EL kaltgepreßtes Sonnenblumenöl oder kaltgepreßtes Leinöl

Sauerkraut kleinschneiden, die Äpfel ungeschält in Spalten, einen Teil blättrig schneiden. Gewürzgurken und Zwiebel würfeln.
Aus Apfelsaft, Pfeffer, Kümmel und Pflanzenöl eine Sauce herstellen, abschmecken und über die Rohkost gießen.

Pro Portion ca. 140 Kcal./560 Kj.

Bohnensalat mit Tofu-Dressing

4 Portionen

200 g getrocknete weiße Bohnen
1 l Gemüsebrühe (Extrakt)
2 mittelgroße rote Zwiebeln
1 rote Paprikaschote
12 schwarze Oliven

Dressing

125 g Tofu
Saft von 1/2 Zitrone
1 EL Rotweinessig
6 EL kaltgepreßtes Olivenöl
3 Knoblauchzehen
Hefestreuwürze
wenig Zitronenschale
1/2 TL Honig
1 Prise Koriander

Zum Garnieren

1/2 Bund Basilikum

Bohnen über Nacht einweichen. In Gemüsebrühe ca. 40 Minuten garen; abtropfen lassen. Zwiebeln in feine Ringe schneiden, Paprika entkernen, ebenfalls in dünne Scheiben schneiden. Oliven entkernen.

Tofu mit Zitronensaft, Essig und Olivenöl pürieren. Mit zerdrücktem Knoblauch, Hefestreuwürze, Honig und Koriander abschmecken.

Alles miteinander vermischen, ca. 30 Minuten durchziehen lassen. Mit viel Basilikum garnieren.

Pro Portion ca. 380 Kcal./1520 Kj.

Kichererbsen-Salat

4 Portionen

200 g Kichererbsen, über Nacht in Wasser eingeweicht
Meersalz
2 Lauchzwiebeln
2 Tomaten
50 g Sonnenblumenkerne
4 EL Weinessig
1/2 TL Honig
1 TL Senf
Pfeffer, Hefewürze
4 EL kaltgepreßtes Nußöl
2 Stengel Petersilie, gehackt

Kichererbsen in Einweichwasser mit etwas Meersalz ca. 80 Min. garen; abtropfen und abkühlen lassen.

Lauchzwiebeln in Scheiben schneiden, Tomaten achteln, entkernen und in Streifen schneiden.
Sonnenblumenkerne ohne Fett leicht anrösten.

Aus Essig, Honig, Senf, Pfeffer, Hefewürze und Öl eine Marinade herstellen.
Mit den übrigen Zutaten vermischen und ca. 30 Min. durchziehen lassen.
Mit Petersilie bestreuen.

Dieser Salat schmeckt auch mit Knoblauch.

Pro Portion ca. 380 Kcal./1520 Kj.

Hirse-Pfifferling-Salat

4 Portionen

200 g Hirse
1 l Gemüsebrühe aus Extrakt
20 g Butter
250 g Pfifferlinge
2 EL Zitronensaft
1 Bund Rucola (Rauke)

Sauce:

3 EL Balsamicoessig
2 EL Wasser
4 EL kaltgepreßtes Kürbiskernöl
2 TL körniger Senf
1/2 TL Honig
Meersalz
2 EL Cashewkernbruch

Hirse heiß abspülen und in der Gemüsebrühe ca. 35 Min. garen, dann abgießen.

Butter erhitzen, die geputzten Pfifferlinge zugeben und 10 Minuten dünsten. Mit Zitronensaft abschmecken.
Rucola kleinschneiden.

Aus Essig, Wasser, Öl, Senf, Honig und Salz eine Sauce herstellen, kurz erhitzen.
Mit den übrigen Zutaten gut vermischen. Ca. 20 Min. durchziehen lassen.
Mit Cashewkernen bestreuen.

Pro Portion ca. 360 Kcal./1440 Kj.

Kartoffel-Sprossen-Salat

4 Portionen

1 kg festkochende Kartoffeln
150 ml Tasse Gemüsebrühe aus Extrakt
Meersalz, Pfeffer
1 Tasse Rettich- oder Senf-Sprossen
1 Tasse Linsensprossen
3 Tomaten
3 EL Kapern

Sauce

2 EL milder Senf
2 gekochte Eigelb
2 EL Rotweinessig
6 EL kaltgepreßtes Sonnenblumenöl
1/2 TL Honig
50 ml Gemüsebrühe

Kartoffeln kochen, pellen und in Scheiben schneiden. 100 ml heiße Gemüsebrühe zugeben, salzen, pfeffern und abkühlen lassen.

Rettich- und Linsensprossen abspülen und abtropfen lassen.
Tomaten entkernen und würfeln.
Kapern abtropfen lassen.

Senf, Eigelb, Essig, Öl, Honig und Gemüsebrühe miteinander mixen und emulgieren.
Alle Zutaten miteinander vermischen und 10 Minuten ziehen lassen.

Pro Portion ca. 400 Kcal./1600 Kj.

Spaghetti-Rucola-Salat

4 Portionen

200 g Spaghetti
Meersalz
1 Bund Rucola
3 kleine Zucchini (ca. 300 g)

Sauce

1 Knoblauchzehe
10 – 15 grüne Oliven ohne Stein
2 EL kaltgepreßtes Olivenöl
1/2 Tasse Gemüsebrühe
3 EL Zitronensaft
schwarzer Pfeffer
3 EL gehobelter Hartkäse

Spaghetti in reichlich Salzwasser
»al dente« kochen. Rucolablätter
verlesen, evtl. zerkleinern. Zucchini
in schmale Streifen schneiden.

Für die Sauce die Knoblauchzehe
schälen und mit Oliven, Olivenöl,
Gemüsebrühe, Zitronensaft und
Pfeffer im Mixer (oder mit dem
Pürierstab) zerkleinern.
Die Sauce behutsam mit Spaghetti,
Rucolablättern und Zucchini-
streifen vermischen und mit Käse
bestreuen.

Pro Portion ca. 320 Kcal./1280 Kj.

Suppen für Sommer und Winter

5653.—

Kefir-Kräutersuppe

4 Portionen

4 – 6 Frühlingszwiebeln
2 EL ungehärtete Margarine
400 ml Gemüsebrühe aus Extrakt
schwarzer Pfeffer
Meersalz
500 ml Kefir
2 EL Crème fraîche
2 Eigelb
2 EL gehackte Kräuter

Frühlingszwiebeln putzen, waschen und in dünne Scheiben schneiden. In Margarine andünsten, mit Gemüsebrühe aufgießen und mit Pfeffer und Salz abschmecken. Suppe einige Minuten kochen. Kefir, Crème fraîche und Eigelb miteinander verrühren und unter die Suppe rühren. Nicht mehr kochen! Mit Kräutern bestreuen.

Pro Portion ca. 250 Kcal./1000 Kj.

Kressesüppchen

4 Portionen

2 EL Sesamsamen
600 ml Gemüsebrühe aus Extrakt
100 ml Weißwein
20 g Butter
20 g Mehl Type 1050
2 Packungen Kresse oder selbst gezogene Kresse
200 ml Sahne 30% Fett
Meersalz, Pfeffer aus der Mühle, Hefewürze

Sesam ohne Fett leicht anrösten. Gemüsebrühe und Weißwein aufkochen.
Butter mit Mehl verkneten, unter Rühren in die Flüssigkeit geben und sanft köcheln, bis die Suppe gebunden ist.

Die Kresse unterhalb der Blättchen abschneiden, in die kochende Flüssigkeit geben. Mit dem Pürierstab pürieren.
100 ml Sahne langsam zur Suppe gießen. Mit Salz, Pfeffer und Hefewürze würzen.

Die restliche Sahne schlagen. Die Suppe in vier Teller geben, die Sahne darauf verteilen und leicht einrühren.
Mit Sesam garnieren.

Pro Portion ca. 290 Kcal./1160 Kj.

Tomatensuppe mit Tofu-Klößchen

4 Portionen

1 kg reife Tomaten
1/2 Salatgurke
1 kleine Zwiebel
Meersalz, Cayennepfeffer
2 EL Zitronensaft
125 g Tofu natur
1 EL Sesam, leicht angeröstet
20 g ungehärtete Pflanzenmargarine
1 zerdrückte Knoblauchzehe, Hefestreuwürze
1 Bund Schnittlauch

Tomaten kurz in kochendes Wasser tauchen, enthäuten, würfeln und Kerne entfernen. Gurke und Zwiebel in Stücke schneiden. Alles im Mixer oder mit dem Pürierstab pürieren. Mit Meersalz, Cayennepfeffer und Zitronensaft abschmecken. In tiefe Teller füllen.

Tofu fein zerdrücken, mit Sesam, Pflanzenmargarine, Knoblauch, Hefestreuwürze und dem geschnittenem Schnittlauch verkneten.
Mit zwei Teelöffeln kleine Klößchen abstechen, in die Suppe geben und kurz ziehen lassen.

Pro Portion ca. 120 Kcal./480 Kj.

Mandel-Lauchcreme-suppe

4 Portionen

4 EL Mandelstifte
3 Stangen Lauch
1 Zwiebel
40 g ungehärtete Margarine
1 Tasse Weißwein
1/2 l Gemüsebrühe
Meersalz
weißer Pfeffer, 1 Prise Muskatnuß
2 EL Zitronensaft
150 g Crème fraîche
3 EL Mandelmus
12 Schnittlauchstengel

Mandelstifte ohne Fett leicht anbräunen. Lauch vorbereiten, waschen, in Ringe schneiden, Zwiebel schälen, in Würfel schneiden. Beides in heißer Margarine andünsten. Mit Weißwein angießen, 5 Minuten ohne Deckel einkochen lassen.

Gemüsebrühe zugeben, ca. 10 Minuten köcheln. Mit dem Pürierstab pürieren. Mit Pfeffer, Muskat und Zitronensaft abschmecken. Crème fraîche mit Mandelmus verrühren und zur Suppe geben. Nicht mehr kochen.

In Suppenteller füllen, mit je drei Schnittlauchstengeln garnieren und mit Mandelstiften bestreuen.

Pro Portion ca. 290 Kcal./1160 Kj.

Knoblauchsuppe mit Käsecroutons

4 Portionen

1 EL Sesam
4 EL geriebener Käse
8 Scheiben Vollkornbaguette
ca. 10 Knoblauchzehen
2 mittelgroße Zwiebeln
4 EL kaltgepreßtes Olivenöl
Kräuter der Provence
1 l Gemüsebrühe oder Extrakt
5 EL Weißwein (oder Zitronensaft)
2 EL Mehl Type 1050
schwarzer Pfeffer, Meersalz
1 Stengel glatte Petersilie

Sesam mit Käse mischen und das Vollkornbaguette damit bestreuen, leicht andrücken. Knoblauch und Zwiebel schälen und in Scheiben schneiden. In heißem Olivenöl kurz anbraten. Kräuter der Provence zugeben und mit Gemüsebrühe aufgießen. Ca. 15 Minuten kochen. Weißwein mit Mehl und etwas heißer Gemüsebrühe anrühren. In die Suppe einrühren, aufkochen lassen. Mit Pfeffer, Salz und gehackter Petersilie abschmecken.

Zwischenzeitlich die Vollkornbaguette-Scheiben ca. 5 Minuten überbacken. Zum Schluß auf die Suppe geben.

Pro Portion ca. 250 Kcal./1000 Kj.

Linsensuppe

4 – 6 Portionen

150 g Du-Puy Linsen, siehe Seite 13
1 l Gemüsebrühe aus Extrakt
1 Chinakohl (ca. 400 g)
20 g ungehärtete Pflanzenmargarine
2 EL Curry
1 Banane
Cayennepfeffer, 1 Prise Zimt
Meersalz, 1 TL Honig
2 EL Zitronensaft
150 g saure Sahne
2 EL Cashewkernbruch

Linsen in einem halben Liter
Gemüsebrühe ca. 20 Minuten
kochen. Chinakohl halbieren,
Strunk herausschneiden, die
Blätter in Streifen schneiden.
In heißer Margarine andünsten,
Curry darüberstreuen. Die restli-
che Gemüsebrühe zugeben,
ebenfalls die kleingewürfelte
Banane und die Linsen. Ca. 5 bis
10 Minuten kochen lassen.
Mit Cayennepfeffer, Zimt, Meer-
salz, Honig und Zitronensaft ab-
schmecken. Zum Schluß saure
Sahne vorsichtig unterrühren.
Mit Cashewbruch bestreuen.

Pro Portion ca. 275 Kcal./1100 Kj.

Melonensuppe

4 Portionen

2 kleine Honigmelonen,
ca. 500 – 700 g
2 Becher Sanoghurt natur, je 150 g
Meersalz, Cayennepfeffer
Currypulver, Schale einer
unbehandelten Zitrone
2 EL leicht angeröstete
Mandelsplitter
4 Zweige Kerbel

Melonen halbieren und von den
Kernen befreien.
Mit dem Kugelausstecher ca.
12 Kugeln ausstechen, für die
Garnitur aufbewahren. Das restli-
che Fruchtfleisch herauslösen und
zusammen mit Sanoghurt pürie-
ren. Mit Meersalz, Cayennepfeffer,
Curry und abgeriebener Zitronen-
schale würzen.
In tiefe Teller füllen.
Jeweils 3 Melonenkugeln, 1/2 EL
Mandelsplitter und 1 Zweig Kerbel
zur Garnitur verwenden.

Pro Portion: ca. 300 Kcal./1200 Kj.

Tip

Unterschiedliche Melonen
jeweils für sich pürieren und das
Püree gleichzeitig in einen Teller
gießen – das ergibt ein interes-
santes Farbenspiel.

Überbackene Kohlsuppe

4 Portionen

300 g Weißkohl
2 Zwiebeln
2 EL kaltgepreßtes Sonnen- blumenöl
1 l Gemüsebrühe aus Extrakt
1 EL Kümmel, Hefestreuwürze weißer Pfeffer, 1 Lorbeerblatt
1/2 Tasse Weißwein
4 Scheiben Vollkorntoast
20 g ungehärtete Pflanzen- margarine
4 EL geriebener Hartkäse
1 Prise Paprika edelsüß

Weißkohl vom Strunk und groben Rippen befreien und in feine Strei- fen schneiden. Zwiebel schälen, in dünne Scheiben schneiden.
Öl erhitzen, Kohl und Zwiebel dar- in andünsten, mit der Gemüse- brühe angießen. Kümmel, Hefe- streuwürze, Pfeffer; Lorbeerblatt und Weißwein zugeben, aufko- chen und ca. 15 Minuten bei ge- ringer Energiezufuhr garen.

Zwischenzeitlich die Brotscheiben toasten und mit Margarine bestreichen.
Die Suppe in vier ofenfeste Tassen oder Schalen füllen. Das Brot daraufflegen und mit geriebenem Käse bestreuen.
Im vorgeheizten Backofen bei 225° C ca. 5 Minuten überbacken.

Pro Portion ca. 220 Kcal./880 Kj.

Kürbis-Mango-Suppe

4 Portionen

600 g Kürbis
1 Zwiebel
2 EL kaltgepreßtes Pflanzenöl
Meersalz
Hefewürze
1 l Gemüsebrühe
2 EL Mehl
150 ml Sahne 35 % Fett
4 Tropfen Aromaöl Ingwer
1 Tropfen Aromaöl Zimt
4 EL Mangovollfrucht
1 Bund Schnittlauch

Kürbis und Zwiebel schälen und würfeln. In heißem Öl andünsten, Meersalz und Hefestreuwürze zugeben. Mit Gemüsebrühe auf- gießen und ca. 15 Minuten sanft garen.

Mit dem Pürierstab pürieren. Mehl mit etwas Wasser anrühren, zu dem Kürbispüree geben und ein- mal aufkochen. Sahne und Aro- maöl vermischen, steif schlagen und vorsichtig unter die Suppe ziehen.
In vier Teller füllen, mit je einem Eßlöffel Mangovollfrucht und ge- schnittenem Schnittlauch garnie- ren.

Pro Portion ca. 270 Kcal./1080 Kj.

Vorspeisen und Snacks

Schafskäse mit Trauben

4 Portionen

300 – 400 g Schafskäse
schwarzer Pfeffer
400 g kernlose helle Trauben
1/8 l Traubensaft
Schale einer unbehandelten
Zitrone
2 EL Akazienhonig
1 Prise Vanille
2 Gewürznelken

Schafskäse in eine gefettete, feuerfeste Form legen, pfeffern und
im vorgeheizten Backofen bei
200° C ca. 10 Minuten überbacken.

Zwischenzeitlich die Trauben in
Traubensaft aufkochen, Zitronenschale, Honig, Vanille und Nelken
zugeben und alles ca. 5 Minuten
einkochen lassen.

Schafskäse und Traubenkompott
zusammen servieren.

Pro Portion ca. 490 Kcal./1960 Kj.

Frischkäsebällchen

4 Portionen

4 hartgekochte Eigelb (Eier aus
artgerechter Tierhaltung)
300 g Frischkäse, zimmerwarm
2 EL Quark
2 EL Crème fraîche
Meersalz, 1 TL Senf
schwarzer Pfeffer
1 Bund Dill
1 EL Mandelmus
etwas abgeriebene Zitronenschale
2 EL leicht angeröstete Mandelstifte (ohne Fett)
4 Salatblätter
1 Tomate
4 Scheiben dunkles Vollkornbrot

Eigelb durch ein Sieb drücken,
mit Frischkäse, Quark und Crème
fraîche verrühren und mit wenig
Meersalz, Senf, schwarzem Pfeffer
abschmecken.
Dill sehr fein hacken und unter die
Hälfte der Frischkäsemasse rühren.
Die andere Hälfte mit Mandelmus,
Zitronenschale und einem Teil der
Mandelstifte verrühren.
Beides ca. 30 Min. kühl stellen.

Mit zwei Teelöffeln von den beiden Massen kleine Bällchen abstechen und auf Salatblättern anrichten.
Mit den restlichen Mandelstiften
und entkernter und kleingewürfel-
ter Tomate bestreuen.
Dazu paßt Vollkornbrot.

Pro Portion ca. 450 Kcal./1800 Kj.

Chips und Dips

6 Personen

je 1 Päckchen Mais-Chips
(aus dem Reformhaus):
natur, mit Sesam, mit Käse/Paprika

Avocado-Dip

1 reife Avocado
1/2 Zitrone
1 Knoblauchzehe
Chilipulver, Meersalz
4 EL Sahne
Tomaten- und Avocadowürfel

Avocado schälen und mit Zitronensaft, zerdrückter Knoblauchzehe, Chilipulver, Meersalz und
Sahne pürieren. Kühl stellen.
Mit Tomaten- und Avocado-
würfeln bestreuen.

Pro Person für Dips
ca. 250 Kcal./1000 Kj.
für ca. 50 g Chips
ca. 240 Kcal./960 Kj.

Bohnen-Peperoni-Dip

150 g gekochte rote Bohnen
2 EL Olivenöl
1 Glas Tomatensaft
1 Pr. Vollzucker
Meersalz, Cayennepfeffer
2 grüne Peperoni

Bohnen mit Öl und Tomatensaft
pürieren und mit Vollzucker, Salz
und Cayennepfeffer ab-
schmecken. Kleingehackte Peperoni unterrühren.

Knoblauch-Dip

1 Becher Crème fraîche (150 g)
1/2 Becher Sauermilch (ca. 100 g)
1 TL körniger Senf
Saft von 1/2 Zitrone
Meersalz, schwarzer Pfeffer
2 zerdrückte Knoblauchzehen

Crème fraîche mit Sauermilch,
Senf, Zitronensaft, Meersalz, Pfeffer
und Knoblauch verrühren.

Pfifferlinge mit Petersilie

4 Portionen

250 g Pfifferlinge
2 Schalotten
40 g Butter oder ungehärtete Margarine
Meersalz, Pfeffer aus der Mühle
Saft von einer 1/2 Zitrone
1-2 Stengel glatte Petersilie

Pilze putzen, falls nötig vorsichtig waschen, gut abtropfen und trocknen lassen (oder mit einem Tuch abreiben).
Schalotten schälen und klein würfeln. Butter oder Margarine in einer Pfanne erhitzen.

Schalotten und Pfifferlinge im Fett andünsten. Salz, Pfeffer und Zitronensaft zugeben, ca. 5 Minuten schmoren lassen.
Petersilie hacken und kurz vor dem Servieren zu den Pilzen geben.

Pro Portion ca. 150 Kcal./600 Kj.

Käse-Sprossen-Soufflé

4 Portionen

1 Tasse Alfalfa-Sprossen
4 Eier aus artgerechter Haltung
120 g geriebener Hartkäse
4 EL sehr kleingehackte Kürbiskerne
1 EL Weizenmehl
Hefewürze
schwarzer Pfeffer, 1 Prise Paprika
Muskatnuß, frisch gerieben
Fett für die Form

Sprossen abspülen und gut abtropfen lassen. Eier trennen.
Eigelb mit Käse, Kürbiskernen und Mehl verrühren. Mit Hefewürze, Pfeffer, Paprika und Muskat würzen.
Eiklar steif schlagen und zusammen mit der Hälfte der Sprossen vorsichtig unter die Käsemasse heben. Förmchen ausfetten und die Soufflémassee einfüllen.
Im vorgeheizten Backofen bei 180° C ca. 25 Minuten aufziehen. Das Soufflé ist eine schöne Vorspeise, paßt jedoch auch als Beilage zu Sommer-Gemüsen.

Pro Portion ca. 260 Kcal./1040 Kj.

Tzatziki

4 – 6 Portionen

250 g Quark 20 % Fett
100 ml Milch
300 g saure Sahne
1/2 Salatgurke
5 Knoblauchzehen
Meersalz
frisch gemahlener weißer Pfeffer

Den Quark mit Milch und saurer Sahne verrühren.
Die Gurke in sehr feine Stifte schneiden oder fein reiben. Die Knoblauchzehen schälen und zerdrücken. Beides zu dem Quark geben und mit Salz und Pfeffer abschmecken.

Dazu paßt frischgebackenes Brot oder neue Kartoffeln und schwarze Oliven.

Pro Portion ca. 180 Kcal./720 Kj.

Kartoffel-Oliven-Creme

6 Portionen

600 g Kartoffeln
Meersalz
150 ml warme Milch
2 Eigelb
30 g ungehärtete Margarine
2 Knoblauchzehen
1 TL abgeriebene Zitronenschale
1 EL Zitronensaft
1 Bund glatte Petersilie
150 g schwarze Oliven, entsteint
150 g Sanoghurt   3,5 % Fett

Kartoffeln mit der Pelle kochen. Leicht abgekühlt schälen, sofort durch eine Kartoffelpresse drücken. Mit Milch, Eigelb, Margarine, zerdrückten Knoblauchzehen, Zitronenschale und Saft verrühren.
Petersilie grob hacken, Oliven klein schneiden, beides untermischen und zum Schluß mit Sanoghurt vermischen.

Die Kartoffel-Oliven-Creme kann lauwarm oder kalt gegessen werden.

Pro Portion ca. 350 Kcal./1400 Kj.

Mariniertes Gemüse

4 Portionen

2 – 3 Paprikaschoten
150 g Champignons
1-2 Knoblauchzehen
4 EL Olivenöl
Salz
Pfeffer aus der Mühle
5 EL Weißwein
einige Rosmarinnadeln
1 EL Balsamicoessig
1 Pr. Vollzucker
5 EL Gemüsebrühe

Paprikaschoten waschen, halbieren, entkernen und in breite Streifen schneiden. Champignons putzen, halbieren, Knoblauchzehen schälen und fein würfeln. Paprika und Knoblauch in heißem Olivenöl andünsten. Die Pilze zufügen, salzen und pfeffern, Rosmarin zugeben und mit Wein ablöschen, etwa 8 Minuten garen.

Das Gemüse herausnehmen und den Bratsatz mit Essig, Zucker und Gemüsebrühe einmal aufkochen, dann über das Gemüse träufeln.

Mindestens einen Tag lang durchziehen lassen

Pro Portion ca. 180 Kcal./720 Kj.

Kürbisparfait

6 Portionen

500 g Kürbisfleisch
2 Zitronenscheiben
3 Eier, getrennt
80 g Akazienhonig
1/2 TL Zimt
etwas geriebene Muskatnuß
200 ml Sahne 30 % Fett
2 EL Kürbiskerne, fein gehackt

Kürbis in Würfel schneiden und in wenig Zitronenwasser ca. 20 Minuten kochen. Gut abtropfen lassen und pürieren.
Eigelb, Honig, Zimt und Muskatnuß cremig rühren. Sahne steif schlagen, ebenso das Eiklar.
Kürbispüree und Ei-Honig-Creme gut miteinander verrühren. Sahne und Eischnee unterheben.
Ca. 30 Min. im Tiefkühlfach anfrieren lassen, nochmals durchrühren und in mit gehackten Kürbiskernen ausgestreute Förmchen füllen, weiter gefrieren.

Vor dem Servieren die Förmchen kurz in heißes Wasser tauchen und stürzen.

Pro Portion ca. 300 Kcal./1200 Kj.

Pikante Windbeutel

ca. 8 Windbeutel

Für den Teig

1/8 l Wasser
40 g Butter oder Margarine
1 Pr. Meersalz
150 g Weizenvollkornmehl (leicht ausgesiebt)
2 Eier

Für die Füllung

250 g Quark, 20 % Fett
4 EL Milch
1 Pr. Schabziegerklee, Seite 16
Hefestreuwürze
1 Bund Schnittlauch, geschnitten

Wasser mit Salz und Butter aufkochen, gesiebtes Mehl auf einmal unterrühren. Bei geringer Energiezufuhr solange rühren, bis sich der Teig als glatter Kloß vom Topfboden löst. Teig in eine Schüssel geben, dann die Eier mit dem elektrischen Handrührer nacheinander einrühren, abkühlen lassen. Den Teig in pflaumengroßen Häufchen auf ein gefettetes Backblech setzen und im vorgeheizten Backofen bei 200° C ca. 35 Minuten goldgelb backen.

Die Windbeutel aufschneiden und auskühlen lassen. Vor dem Servieren füllen.

Für die Füllung Quark mit Milch glattrühren. Mit Schabziegerklee, Hefestreuwürze und Schnittlauch abschmecken. Die Creme in die Windbeutel füllen.

Pro Stück ca. 160 Kcal./640 Kj.

Crostini mit Tomaten

4 Portionen

2 reife Fleischtomaten
3 Knoblauchzehen
1 Handvoll Rucola-Blätter, halbiert
4 EL geriebener Parmesan
frische Majoran-Blätter
4 oder 8 Weißbrotscheiben
(je nach Größe), getoastet
Meersalz
Pfeffer

Die Tomaten kurz in kochendes Wasser geben, enthäuten, vierteln und entkernen. Fruchtfleisch durch ein Sieb drücken und etwas abtropfen lassen.

Das Tomatenpüree mit fein gehacktem Knoblauch, Rucola-Blättern, Majoran, Salz, Pfeffer und geriebenem Parmesan mischen. Auf getoastete Weißbrotscheiben verteilen und ca. 10 Minuten überbacken.

Eine Scheibe ca. 100 Kcal./400 Kj.

Tip

Die Tomaten grob hacken, würzen und mit Basilikum bestreuen. Nicht überbacken,

Gefüllte Zucchiniblüten

4 Portionen

| 8 Zucchiniblüten |
| Pfeffer |
| 50 g Pinienkerne |
| 200 g Doppelrahmfrischkäse |
| 2 EL Quark |
| 1 Eigelb |
| Saft und Schale von 1/2 unbehandelten Zitrone |
| 1/2 Bund glatte Petersilie |
| Hefestreuwürze |
| 1 EL Mehl |
| kaltgepreßtes Sonnenblumenöl zum Braten |

Zucchiniblüten putzen, die Staubgefäße vorsichtig herauslösen. Fruchtansätze abschneiden und die Blüten leicht auspfeffern. Pinienkerne ohne Fett anrösten. Käse mit Quark, Eigelb, Zitronensaft und Schale, kleingeschnittener Petersilie und Hefestreuwürze verrühren. Pinienkerne zugeben. Zucchiniblüten mit der Käsemasse füllen. Leicht zusammendrücken.

Die Blüten leicht mit Mehl bestäuben und in heißem Sonnenblumenöl nebeneinander goldgelb braten.
Dazu paßt Knoblauchbaguette.

Pro Portion 340 Kcal./1360 Kj.

Linsenrösti

4 Portionen

1 Zwiebel
200 g rote Linsen
10 g ungehärtete Pflanzenmargarine
400 ml Gemüsebrühe aus Extrakt
1 rohe Kartoffel
3 Stengel glatte Petersilie
1 EL Mehl
2 EL angeröstete Vollkornsemmelbrösel
1-2 Eier
Delikata*, Pfeffer
ungehärtetes Kokosfett zum
Braten

Zwiebel würfeln, in heißer Margarine anbraten. Linsen zugeben
und mit heißer Gemüsebrühe auffüllen. Ca. 15 Min. kochen, ohne
Kochhitze ausquellen lassen und
mit dem Pürierstab zerkleinern.

Kartoffeln schälen, reiben, Petersilie kleinschneiden, beides unter
das Linsenpüree geben.
Mit Mehl, Vollkornsemmelbröseln,
Ei, Delikata und Pfeffer mischen.

Fett erhitzen, aus jeweils drei
Eßlöffeln Linsenmasse 4 goldgelbe
Rösti braten.

Dazu schmeckt die Rettich-Frisch-
kost mit Nüssen, Seite 23.

Pro Portion ca. 350 Kcal./1400 Kj.

Rote Bete Gnocchi

4 Portionen

300 g mehlig kochende
Pellkartoffeln
Meersalz, Muskatblüte
150 g Quark 20% Fett
1 Ei
2 Eigelb
150 g Weizenvollkornmehl
100 ml Rote Bete Saft

Pellkartoffeln schälen und heiß
durch ein Sieb oder eine Kartoffelpresse drücken.
Salz, Muskatblüte, Quark, Ei,
Eigelb, Mehl und Rote Bete Saft
zugeben. Alles zu einem geschmeidigen Teig verkneten (falls
er zu weich ist, noch etwas Mehl
einkneten).
Ca. 20 Minuten ruhen lassen und
dünne Rollen formen. Ca. 2 cm
dicke Scheiben abschneiden und
jeweils mit der Gabel flach-
drücken. Mit Mehl oder Grieß bestäuben, etwas antrocknen lassen.

In kochendem Salzwasser wenige
Minuten garen (Vorsicht – nur
leicht sieden) bis die Gnocchi an
der Oberfläche schwimmen.
Vorsichtig abgießen.

Dazu paßt eine Basilikumsauce,
Seite 21.

Pro Portion ca. 280 Kcal./1120 Kj.

* Im Reformhaus erhältlich

Gemüse-Genüsse

Fenchel-Apfel-Gemüse

4 Portionen

4 Fenchelknollen, ca. 600 g
2 mittelgroße Äpfel
Saft einer halben Zitrone
150 ml Apfelsaft
Meersalz
150 g Sojadream*, ersatzweise
saure Sahne
weißer Pfeffer, Hefestreuwürze
Koriander, zerstoßen

Fenchel vorbereiten, harte Stiele
entfernen (Fenchelgrün zur Garnitur aufbewahren) und die Knollen
in mundgerechte Stücke schneiden. Äpfel schälen, achteln und
mit Zitronensaft beträufeln.

Fenchel in Apfelsaft mit Meersalz
ca. 10 Minuten dünsten, Äpfel
zugeben und zusammen nochmals 5 – 10 Minuten dünsten.

Sojadream oder saure Sahne einrühren, mit Pfeffer, Hefestreuwürze
und Koriander abschmecken.
Mit Fenchelgrün garnieren.

Pro Portion ca. 200 Kcal./800 Kj.

* Im Reformhaus erhältlich

Auberginen, süß-pikant

4 – 6 Portionen

150 g Linsen
Meersalz
1 mittelgroße Zwiebel
2 geschälte Knoblauchzehen
2 kleine Auberginen
4 EL kaltgepreßtes Olivenöl
1/2 Tasse Gemüsebrühe aus
Extrakt
50 g Kapern
150 g Weinbeeren
6 – 8 EL Balsamicoessig
2 EL Vollzucker oder Ursüße
Meersalz, schwarzer Pfeffer
1 Lorbeerblatt
50 g Pinienkerne

Linsen ein bis zwei Stunden in
Wasser einweichen. In Salzwasser
ca. 20 Minuten (nicht zu weich)
kochen. Abtropfen lassen.

Zwiebel und Knoblauch schälen
und würfeln, Auberginen eben-
falls würfeln, alles in heißem
Olivenöl andünsten.
Mit Gemüsebrühe angießen.
Kapern, Weinbeeren, Essig,
Vollzucker, Meersalz, Pfeffer und
Lorbeerblatt zugeben.
Ca. 15 Minuten dünsten.

Linsen zugeben und alles noch
einmal aufkochen, Lorbeerblatt
entfernen.

Pinienkerne kurz anrösten und zu
den Auberginen geben.

Pro Portion ca. 380 Kcal./1520 Kj.

Dill-Gurken

4 Portionen

1,2 kg Schmorgurken
2 mittelgroße Zwiebeln
2 Knoblauchzehen
2 EL Margarine
weißer Pfeffer, Meersalz
3 EL Wasser
1 TL abgeriebene Schale einer unbehandelten Zitrone
1/2 TL Honig
2 EL körniger Senf
250 g Crème fraîche
2 Bund Dill

Gurken schälen und längs halbieren. Mit einem Eßlöffel entkernen und in 3 cm dicke Scheiben schneiden.
Zwiebeln und Knoblauch schälen und sehr klein schneiden (Knoblauch evtl. zerdrücken).
In heißem Fett goldgelb dünsten. Gurken zugeben, mit Pfeffer und Meersalz würzen, Wasser zugeben und ca. 8 Minuten schmoren.

Kurz vor Ende der Garzeit abgeriebene Zitronenschale, Honig und Senf zugeben, durchziehen lassen. Crème fraîche und geschnittenen Dill unterrühren. Nicht mehr erhitzen.
Dazu passen Kümmelkartoffeln vom Blech.

Pro Portion 360 Kcal./1440 Kj.

Tip
Die Gurkenstücke in Gemüsebrühe schmoren, mit Pfeffer und Meersalz abschmecken, Schmand und Dill unterrühren.

Gefüllte Tomaten

4 Portionen

150 g Quinoa
ca. 1 l Gemüsebrühe
8 große, feste Tomaten
1 mittelgroße Zwiebel
1 Knoblauchzehe
1 Möhre
1 Bund glatte Petersilie
2 EL kaltgepreßtes Sonnenblumenöl
1/2 Becher Crème fraîche
80 g geriebener Hartkäse
Meersalz
schwarzer Pfeffer
1 Tasse Gemüsebrühe

Quinoa in kochender Gemüsebrühe ca. 12-15 Minuten garen, abgießen.
Tomaten waschen, Deckel abschneiden und die Gemüsefrüchte aushöhlen. Zwiebel und Knoblauch schälen, klein würfeln; Möhre schälen, kleinschneiden, Petersilie hacken, alles in heißem Öl andünsten.

Quinoa zugeben und mit Crème fraîche und 2/3 des geriebenen Käses vermischen. Mit Salz und Pfeffer abschmecken.

Die Masse in die ausgehöhlten Tomaten füllen. Mit dem restlichen Käse bestreuen. Tomaten in eine ausgefettete Auflaufform setzen, die Gemüsebrühe zugießen und im vorgeheizten Backofen bei ca. 200° C ca. 20 Minuten überbacken.

Pro Portion ca. 290 Kcal./1160 Kj.

Rosenkohl in Hagebuttensauce

4 – 6 Portionen

800 – 1000 g Rosenkohl
Meersalz, Wasser
1 mittelgroße Zwiebel
1 Stange Lauch
30 g ungehärtete Pflanzen-margarine
2 Tassen Gemüsebrühe (a. Extrakt)
6 EL Hagebuttenmus
2 EL Zitronensaft
Meersalz, weißer Pfeffer
1 Prise Ingwer
1 Meßbecher Biobin

Rosenkohl putzen und in Salz-wasser bißfest kochen, abgießen. Zwiebel und Lauch sehr klein schneiden und in heißer Pflanzen-margarine andünsten.
Mit Gemüsebrühe aufgießen, einige Minuten garen.

Hagebuttenmus zugeben und mit Zitronensaft, Ingwer, Salz und Pfeffer abschmecken. Mit Biobin andicken. Rosenkohl in die Sauce geben.
Dazu paßt Kartoffelgratin.

Pro Portion ca. 270 Kcal./1080 Kj.

Glasierte Möhren

4 Portionen

800 g Möhren
50 g Butter oder Margarine
Meersalz, Hefestreuwürze
1 EL Ahornsirup oder Honig
etwas gemahlener Koriander
50 g Pinienkerne

Möhren waschen, wenn nötig schälen, vierteln und in Streifen schneiden. In der Hälfte des Fettes anbraten, evtl. drei Eßlöffel Wasser zugeben und ca. 8 Minuten dünsten. Mit Salz, Hefestreuwürze, Ahornsirup oder Honig und Koriander abschmecken. Pinienkerne im restlichen Fett goldgelb braten, zu den Möhren geben.

Dazu passen Kartoffelplätzchen oder Kartoffelpüree.

Pro Portion ca. 300. Kcal./1200 Kj.

Chicorée in Käsesauce

4 Portionen

2 EL Sonnenblumenkerne
1 unbehandelte Orange
4 große Chicoréestauden
150 g Blauschimmelkäse
150 g saure Sahne 10% Fett
150 g Crème fraîche
3 EL Milch
1 Messerspitze Biobin
schwarzer Pfeffer
Meersalz
1 Prise Koriander

Sonnenblumenkerne ohne Fett anrösten. Orange gut waschen, Schale dünn abschälen, Saft auspressen.
Chicorée waschen, äußere Blätter entfernen, vierteln, den inneren Keil ausschneiden. Stauden in kochendem Wasser ca. 3 Minuten blanchieren. Abtropfen lassen und in eine flache Schale legen. Warmhalten.

Blauschimmelkäse mit Milch und Orangensaft erhitzen (nicht kochen!). Saure Sahne und Crème fraîche zugeben. Mit Biobin etwas andicken und mit Pfeffer, Salz und Koriander würzen.

Die Sauce über dem Chicorée verteilen und mit Sonnenblumenkernen und Orangenschale bestreuen.

Dazu passen Kartoffelplätzchen.

Pro Portion ca. 350 Kcal./1400 Kj.

Gemüse mit Hirsekrüstchen

4 Portionen

2 Stangen Lauch
4 Möhren
1/2 Knollensellerie
Hefestreuwürze
Gemüsebrüheextrakt
150 g Hirse
150 g geriebener Käse
3 EL Vollkornsemmelbrösel
wenig Majoran
Meersalz

Gemüse vorbereiten, alles in kleine Stücke schneiden.
In kochendem Wasser ca. 5 Minuten blanchieren. Abgießen, die Brühe auffangen.
Gemüse in eine feuerfeste Form füllen.
500 ml Brühe zum Kochen bringen, mit Gemüsebrühextrakt würzen. Hirse zugeben und ca. 40 Minuten garen, dann 10 Minuten ausquellen lassen. Mit geriebenem Käse, Semmelbröseln,

Majoran und Meersalz vermischen. Die Mischung auf dem Gemüse verteilen. Im vorgeheizten Backofen bei 220° C ca. 15 Minuten überbacken.

Pro Portion ca. 360 Kcal./1440 Kj.

Sauerkraut mit Trockenpflaumen

4 Portionen

150 g Trockenpflaumen
1/2 l Gemüsebrühe (Extrakt)
600 g Frischkostsauerkraut
1 mittelgroße Zwiebel
1 EL ungehärtetes Pflanzenfett
Hefestreuwürze, Pfeffer
2 EL Vollzucker, Meersalz
2 EL Rotweinessig
5 zerstoßene Korianderkörner

Trockenpflaumen ca. 2 Stunden in einem halben Liter Gemüsebrühe einweichen.
Frischkostsauerkraut eventuell kleinschneiden und mit gewürfelter Zwiebel in heißem Fett kurz dünsten. Mit einem Viertel Liter Gemüsebrühe auffüllen, ca. 10 Minuten garen. Mit Hefestreuwürze und Pfeffer würzen.
Trockenpflaumen in der Gemüsebrühe aufkochen, pürieren und mit Zucker, Salz, Essig und Koriander abschmecken.
Sauerkraut zugeben und locker vermischen.

Dazu paßt Kartoffelpüree mit Vollkornbröseln.

Pro Portion ca. 220 Kcal./880 Kj.

Nussige Bratkartoffeln

4 Portionen

800 g Kartoffeln
3 EL ungehärtetes Kokosfett
1 Knoblauchzehe
Meersalz
Muskatnuß, frisch gerieben
3 EL kaltgepreßtes Walnußöl
4 EL gehackte Walnußkerne
1 Bund Schnittlauch

Kartoffeln waschen, mit der Schale kochen.

Abkühlen lassen, pellen und in Stücke schneiden. Kokosfett erhitzen, Knoblauch würfeln, mit den Kartoffelstücken zugeben. Mit Meersalz und Muskatnuß würzen. Ca. 10 Minuten braten. Walnußöl und Nüsse zugeben, weiterbraten bis die Kartoffeln von beiden Seiten goldgelb sind.
Mit geschnittenem Schnittlauch bestreuen.

Dazu paßt ein Quarkkräuterdip und frischer Salat.

Pro Portion 390 Kcal./1560 Kj.

Wirsingrolle auf Kapernsauce

braucht etwas Zeit

4 Portionen

12 Wirsingblätter
Meersalz
1 große Zwiebel
1 TL ungehärtete Margarine
500 g Tofu
2 Eier
3 EL Zitronensaft
3 EL Vollkornsemmelbrösel
2 EL Meerrettich
schwarzer Pfeffer
2 Möhren
1 Paprikaschote, rot
1/4 l Gemüsebrühe aus Extrakt
1/2 Becher Crème fraîche
2 EL Kapern

Die Blattrippen der Wirsingblätter flachschneiden. Wirsingblätter portionsweise in kochendem Wasser kurz blanchieren, kalt abspülen. Auf einem Küchentuch auslegen, so daß ein Rechteck von etwa 30 x 40 cm entsteht. Zwiebel würfeln, in heißem Fett andünsten. Mit Tofu, Eiern, Zitronensaft, Semmelbröseln, Meerrettich und Pfeffer pürieren. Möhren und Paprika in kleine Würfel schneiden, kurz blanchieren und unter die Tofumasse heben. Tofu auf den Wirsingblättern verteilen. Einen Rand frei lassen und diesen einschlagen.
Von der schmalen Seite her aufrollen. In eine feuerfeste Form legen, Gemüsebrühe zugießen und im vorgeheizten Backofen zuerst zugedeckt bei 200° C ca. 30 Minuten, ohne Deckel noch 15 Minuten garen. Rolle herausnehmen. Restliche Gemüsebrühe mit Crème fraîche binden und Kapern zugeben.
Dazu passen Dillkartoffeln.

Pro Portion ca. 400 Kcal./1600 Kj.

Blumenkohlauflauf

4-6 Portionen

600 g Blumenkohl
1 kg Spinat
Salzwasser
40 g ungehärtete Pflanzen-margarine
40 g Weizenvollkornmehl
2 Tassen Gemüsebrühe aus Extrakt
150 ml Schlagsahne 35% Fett
200 g geriebener Hartkäse
Pfeffer, Meersalz
fein abgeriebene Schale von einer unbehandelten Zitrone
2 Eigelb
3 EL Sesam

Blumenkohl in Röschen zerteilen, Spinat von groben Stielen befreien. Zuerst Blumenkohl ca. 3 Minuten, dann Spinat ca. 1 Minute in kochendem Salzwasser blanchieren. Pflanzenmargarine erhitzen, Mehl darin anschwitzen. Mit heißer Gemüsebrühe ablöschen. Schlagsahne und 2/3 des Käses zugeben. Mit Pfeffer, Meersalz und Zitronenschale abschmecken. Eigelb unterrühren – nicht mehr kochen!

Abgetropften Spinat in eine ausgefettete Form geben. Blumenkohlröschen darauf verteilen. Alles mit Käsesauce begießen, den restlichen Käse und Sesam darüberstreuen. Im vorgeheizten Backofen bei 220° C ca. 30 Minuten goldgelb überbacken.

Dazu passen frische Pellkartoffeln.

Pro Portion ca. 450 Kcal./1800 Kj.

Brokkoli-Kartoffel-auflauf mit Safransauce

4 Portionen

600 g Kartoffeln
500 g Brokkoli
ca. 500 ml Gemüsebrühe aus Extrakt
50 g Butter oder ungehärtete Pflanzenmargarine
4 Eier getrennt
Meersalz, schwarzer Pfeffer
Muskatblüte
1 Zwiebel
1 Knoblauchzehe
1 EL Mehl
100 ml Sahne 30% Fett
1 EL Zitronensaft
1 Döschen Safran

Kartoffeln je nach Größe ca. 20 bis 30 Minuten kochen. Abkühlen lassen und schälen. Brokkoli in Röschen teilen, Stiele in feine Streifen schneiden und beides in kochender Gemüsebrühe bißfest garen (Streifen nur kurz blanchieren). Abgießen, Gemüsebrühe für die Sauce zurückbehalten.

Kartoffeln auf einer Gemüsereibe fein reiben, mit der Hälfte des Fettes, 4 Eigelben, Meersalz, Pfeffer und Muskat vermischen. Eiklar steif schlagen, unter die Kartoffelmasse heben.

Die abgetropften Brokkoliröschen zugeben, vermischen und die Masse in eine gefettete Kastenform füllen. Im vorgeheizten Backofen bei 180° C ca. 40 Minuten backen.

Zwiebel und Knoblauch schälen, würfeln und im restlichen Fett anbraten, Mehl zugeben.
Mit ca. 200 ml Gemüsebrühe aufgießen und gut verrühren. Sahne zugeben, mit Meersalz, Pfeffer und Zitronensaft abschmecken, einige Minuten einkochen lassen. Safran und die Gemüsestreifen unterrühren.
Die Sauce zu dem Auflauf servieren.

Dazu paßt panierter Tofu.

Pro Portion ca. 480 Kcal./1920 Kj.

Süß-pikanter Sauerkrautauflauf

4-6 Portionen als Hauptgericht

500 g gegarte Kartoffeln
125 g Sojatrockengranulat, ca. 2 Stunden in wenig Wasser eingeweicht
3 EL kaltgepreßtes Sonnenblumenöl
1 mittelgroße Zwiebel
1 Stange Lauch
2 Knoblauchzehen
1 EL Curry
Meersalz, Hefestreuwürze
200 g getrocknete Aprikosen, ca. 2 Stunden in Wasser eingeweicht
1 EL Aprikosenkonfitüre
400 g Frischkostsauerkraut
1 Becher saure Sahne 10% Fett
50 ml süße Sahne 30% Fett
1 Ei
1 Stengel glatte Petersilie
etwas geriebene Muskatnuß
100 g geriebener Käse

Kartoffeln pellen und in dünne Scheiben schneiden.

Gequollenes Sojagranulat ausdrücken und in heißem Öl anbraten. Gewürfelte Zwiebel, geschnittenen Lauch und zerdrückten Knoblauch einige Minuten mitdünsten.
Curry, Meersalz, Hefestreuwürze, in Scheiben geschnittene Aprikosen, 5 Eßlöffel Einweichwasser und Aprikosenkonfitüre zugeben und alles ca. 10 Minuten dünsten.

Kartoffelscheiben, Soja-Zwiebel-Aprikosenmischung und Frischkostsauerkraut lagenweise in eine gefettete Auflaufform schichten.

Saure Sahne, süße Sahne, Milch, Ei, gehackte Petersilie und Muskat miteinander verquirlen. Über den Auflauf gießen und mit geriebenem Käse bestreuen. Im Backofen bei 200° C etwa 30 Minuten überbacken.

Pro Portion ca. 400 Kcal./1600 Kj.

Gemüse-Lasagne

4 – 6 Portionen

2 mittelgroße Zwiebeln
2 Knoblauchzehen
20 g Butter oder ungehärtete Pflanzenmargarine
500 g Möhren, 1 Stange Lauch
600 g Brokkoli
1 Bund glatte Petersilie
Hefewürze, Meersalz
schwarzer Pfeffer
30 g Butter, 30 g Mehl
1 l Milch
100 ml Sahne 30% Fett
etwas abgeriebene Zitronen-schale, Meersalz, Muskatnuß
Fett für die Form
etwa 14 Lasagneblätter (ohne Vorkochen)
125 g geriebener Käse

Zwiebeln und Knoblauch klein würfeln und in heißem Fett an-braten. Möhren, Lauch und Brokkoli putzen, kleinschneiden und mit andünsten.

Das Gemüse mit kleingeschnitte-ner Petersilie, Hefewürze, Meersalz und Pfeffer würzen.
Für die Béchamelsauce Butter er-hitzen, Mehl einrühren. Milch und Sahne unter Rühren zugießen, aufkochen lassen und mit Zitro-nenschale, Salz und Muskatnuß abschmecken.
Eine Auflaufform fetten, etwas Sauce hineingießen. Eine Schicht Lasagneblätter darüberlegen. Darauf einen Teil Gemüse schich-ten.
Mit einem Teil des Käses bestreuen. Mit etwas Sauce begießen. Die-sen Vorgang dreimal wiederho-len.
Zum Schluß mit Sauce abdecken und mit Käse bestreuen.
Im vorgeheizten Backofen bei 200° C ca. 45 Minuten backen.

Pro Portion ca. 500 Kcal./2000 Kj.

Rund ums Getreide

Polenta-Schnitten

6 Portionen

1 l Gemüsebrühe aus Extrakt
250 g Polenta-Maisgrieß
40 g Butter
2 Eier, getrennt
500 g Champignons
2 Knoblauchzehen
3 Stengel glatte Petersilie
2 EL Zitronensaft
Pfeffer, Meersalz
3 EL Sesam
Kokosfett zum Braten

Gemüsebrühe zum Kochen bringen und Maisgrieß langsam einstreuen. Die Hälfte der Butter zugeben und die Polenta bei geringer Energiezufuhr unter Rühren ca. 20 Minuten garen.
Ca. 10 Minuten ausquellen lassen.

Eigelb und steifgeschlagenes Eiklar unter die heiße Masse heben. Zwischenzeitlich Pilze putzen, waschen und in Scheiben schneiden, in der restlichen Butter andünsten. Zerdrückten Knoblauch, geschnittene Petersilie und Zitronensaft zugeben. Das Pilzgemüse ca. 5-10 Minuten dünsten.
Pilze zur Polenta geben, gut verrühren, salzen und pfeffern.
Die Masse auf einem nassen Backbrett oder einer Marmorplatte ca. 2 cm dick ausstreichen, mit Sesam bestreuen, diesen leicht festdrücken, und erkalten lassen.
Polenta in ca. 4 cm x 8 cm große Stücke oder Rauten schneiden und in heißem Fett von beiden Seiten goldgelb braten.
Dazu paßt eine leichte Käsesauce.

Pro Portion ca. 360 Kcal./1440 Kj.

Hafer-Gemüse-Auflauf

4 – 6 Portionen

180 g Haferkörner
1 Lorbeerblatt
1 l Gemüsebrühe
3 mittelgroße Möhren
1 mittelgroße Zwiebel
1/2 Sellerieknolle
1 Stange Lauch
40 g Butter
1 Tasse Gemüsebrühe
1/2 Blumenkohl
2-3 Eier
1 Becher saure Sahne, 10 % Fett
100 ml süße Sahne
1 Knoblauchzehe, zerdrückt
Hefestreuwürze
50 g geriebener Käse
3 EL Vollkornsemmelbrösel
2 EL Sonnenblumenkerne

Haferkörner mit Lorbeerblatt in kochende Gemüsebrühe geben und ca. 35 Minuten garen, dann abgießen und abtropfen lassen. Zwischenzeitlich Möhren, Zwiebel und Sellerie schälen und in kleine Würfel, den gereinigten Lauch in Ringe schneiden. In heißer Butter andünsten, mit Gemüsebrühe angießen und ca. 15 Minuten garen. Das Gemüse abtropfen lassen. Den Blumenkohl in Röschen zerteilen und wenige Minuten blanchieren.
Haferkörner und Gemüse miteinander mischen und in eine gefettete Auflaufform füllen. Eier, saure und süße Sahne, zerdrückte Knoblauchzehe und Hefewürze miteinander verquirlen und über das Hafer-Gemüse-Gemisch gießen. Den geriebenen Käse mit Semmelbröseln und Sonnenblumenkernen vermischen und den Auflauf damit bestreuen. Im vorgeheizten Backofen bei ca. 180 – 200° C ca. 40 Minuten überbacken. Dazu paßt frischer Salat.

Pro Portion ca.450 Kcal./1800 Kj.

Brot-Paprika-Auflauf

4 Portionen

4 rote Paprikaschoten
2 Fenchelknollen
Meersalz
1 TL Kräuter: Majoran, Thymian
1 Bund geschnittenes Basilikum
5 Tomaten
2 Zucchini
1 Vollkornbaguette, ca. 250 g
200 g Schafskäse
3 Eier, 250 ml Milch
2 Knoblauchzehen
schwarzer Pfeffer
Hefestreuwürze
3 EL geriebener Parmesan

Paprika halbieren, mit der Hautseite nach oben in den vorgeheizten Grill oder Backofen legen. Wenn die Haut schwarze Blasen wirft, wieder abkühlen, enthäuten und in Streifen schneiden. Fenchel in Streifen schneiden, in kochendem Salzwasser blanchieren. Jeweils die Hälfte in eine gefettete Auflaufform legen. Mit der Hälfte der Kräuter bestreuen.

Tomaten und Zucchini in Scheiben schneiden. Vollkornbaguette in Scheiben schneiden, kurz antoasten und abwechselnd auf den Paprika- und Fenchelstreifen verteilen.

Den Schafskäse zerbröseln und darüberstreuen. Mit den restlichen Paprika- und Fenchelstreifen abdecken, mit Kräutern bestreuen. Eier mit Milch, zerdrücktem Knoblauch, Pfeffer und Hefestreuwürze verquirlen und über die Zutaten gießen. Mit Parmesan bestreuen. Im vorgeheizten Backofen bei 175° C ca. 40 Minuten backen.

Pro Portion ca. 580 Kcal./2320 Kj.

Graupen-Tomaten-Risotto

4 Portionen

| 1 Zwiebel |
| 2 Knoblauchzehen |
| 1 mittelgroße Möhre |
| 40 g Butter oder ungehärtete Pflanzenmargarine |
| 250 g Graupen |
| 1 Lorbeerblatt |
| 1/2 l Gemüsebrühe aus Extrakt |
| 6 aromatische Flaschentomaten |
| Meersalz, frisch gemahlener Pfeffer |
| 50 g geriebener Parmesan oder anderer Hartkäse |
| 1 Stengel glatte Petersilie |

Zwiebel, Knoblauch und Möhren schälen, klein schneiden und in heißem Fett glasig dünsten. Graupen und Lorbeerblatt zugeben. Mit heißer Brühe angießen und ca. 20 Minuten garen.

Zwischenzeitlich die Tomaten kurz in kochendes Wasser geben, kalt abspülen, enthäuten und vierteln, die Kerne entfernen. Tomaten zu den Graupen geben. Ca. 10 Minuten garen, bis die Flüssigkeit weitgehend aufgesogen ist. Zwischendurch immer wieder umrühren, damit nichts anbrennt. Mit Salz und Pfeffer würzen. Den Käse einrühren, Lorbeerblatt entfernen und mit gehackter Petersilie bestreuen.

Pro Portion ca. 390 Kcal./1560 Kj.

Hirsotto

4 Portionen

| 20 g ungehärtete Pflanzenmargarine oder Butter |
| 1 mittelgroße Zwiebel |
| 2 mittelgroße Möhren |
| 250 g Hirse |
| ca. 1/2 l Gemüsebrühe aus Gemüsebrüheextrakt |
| Meersalz |
| schwarzer Pfeffer |
| 1 zerdrückte Knoblauchzehe |
| 4 EL Kürbiskerne |
| 2 EL kaltgepreßtes Kürbiskernöl oder Sonnenblumenöl |

Margarine oder Butter erhitzen, die feingeschnittene Zwiebel und die gewürfelten Möhren darin andünsten. Die heiß gewaschene und abgetropfte Hirse dazugeben und einige Minuten mitdünsten. Mit der heißen Gemüsebrühe auffüllen, kurz aufkochen lassen und bei geschlossenem Deckel bei geringer Energiezufuhr ca. 25 Minuten garen. Mit Salz, Pfeffer und Knoblauch würzen. Die Kürbiskerne in Öl kurz anrösten und unter die Hirse mischen.

Pro Portion ca. 330 Kcal./1220 Kj.

Gemüse-Käse-Strudel

braucht etwas Zeit

ca. 8 Portionen

Teig

300 g Dinkelvollkornmehl (leicht ausgesiebt)
1 großes oder 2 kleine Eier
3 – 4 EL kaltgepreßtes Sonnenblumenöl
1 Prise Meersalz

Für die Füllung

1 Kohlrabi
300 g Möhren
5 Stengel Staudensellerie
2 kleine Stangen Lauch
1/2 Pck. TK-Erbsen (150 g)
1 Tasse Sojasprossen
40 g Butter oder Margarine
1 TL Kurkuma (Gelbwurz)
2 Eier
1 Bund Petersilie
150 g geriebener Hartkäse
schwarzer Pfeffer
Hefestreuwürze
2 EL Erdnüsse
1 Eigelb

Mehl, Ei, Öl, Salz und ca. 100 ml Wasser verrühren. Kneten bis ein geschmeidiger Teig entsteht. Dünn mit Öl einpinseln und ca. 30 Minuten ruhen lassen.

Kohlrabi und Möhren grob reiben, Sellerie und Lauch fein schneiden. Erbsen und Sojasprossen kurz blanchieren, abtropfen lassen. Gemüse im Fett ca. 5 Minuten andünsten, mit Kurkumapulver bestäuben. Etwas abkühlen lassen, Eier und gehackte Petersilie, Käse, Pfeffer,

Hefestreuwürze und Erdnüsse zugeben und alles miteinander vermischen.

Teig auf einem bemehlten Tuch zu einem Rechteck ausrollen und mit beiden Händen auf ca. 50 x 60 Zentimeter ausziehen. Füllung daraufgeben, rundherum einen ca. 4 cm breiten Rand frei lassen. Den Teig mit Hilfe des Tuches vorsichtig aufrollen, die Seiten nach unten einschlagen und den Strudel auf ein mit Backpapier ausgelegtes Blech legen. Eigelb mit wenig Wasser verrühren und den Strudel damit bestreichen. Im vorgeheizten Backofen bei ca. 200° C ca. 45 Minuten backen.
Vor dem Aufschneiden 5 Minuten ruhen lassen.

Pro Portion ca. 400 Kcal./1600 Kj.

Tip

Der Strudel glänzt besonders schön, wenn er kurz vor Ende der Backzeit mit süßer Sahne bestrichen wird.
Für die Füllung können auch Gemüse wie Mangold, Spargelspitzen, Tomaten, Pilze u.a. verwendet werden.

Buchweizencrêpe mit Mangoldfüllung

6 Portionen

Teig

80 g Buchweizenmehl
60 g Weizenvollkornmehl
Meersalz, schwarzer Pfeffer
3 Eier, 220 ml Milch
Kokosfett für die Pfanne

Füllung

1 kg Mangold
3 Schalotten
2 große Knoblauchzehen
4 EL kaltgepreßtes Olivenöl
3 EL Sonnenblumenkerne
Meersalz, schwarzer Pfeffer
Muskatnuß, frisch gerieben
150 g Crème fraîche
200 g Schafskäse

Für den Teig Buchweizenmehl, Mehl, Salz, Pfeffer, Eier und Milch verrühren. Ca. 10 Minuten quellen lassen. In heißem Fett 6 dünne Crêpes braten.

Mangold putzen, waschen und kleinschneiden. Schalotten und Knoblauch schälen und würfeln. Öl erhitzen, Sonnenblumenkerne, Zwiebel und Knoblauch darin andünsten. Mangold zugeben und ca. 15 Minuten dünsten (eventuell etwas Gemüsebrühe zugeben). Mit Salz, Pfeffer und Muskat würzen. Crème fraîche einrühren. Mangold auf den Crêpes verteilen, diese jeweils zusammenklappen und schuppenartig in eine gefettete Form setzen. Schafskäse durch ein grobes Sieb

drücken und die Crêpes damit bestreuen. Im vorgeheizten Backofen bei 220° C ca. 15 Minuten überbacken.

Pro Portion ca. 470 Kcal./1880 Kj.

Dinkel-Crêpe mit Steinpilzen

4 Portionen

Teig

3 Eier
250 ml Milch
125 g Dinkelmehl
Meersalz
Fett zum Braten

Füllung

300 g Steinpilze
20 g Butter
1 kleine Zwiebel
2 Stengel glatte Petersilie
1 Knoblauchzehe
1 EL Mehl
1/8 l Sahne
Meersalz und Pfeffer
etwas Zitronensaft
50 g geriebener Parmesan

Aus Eiern, Milch, Mehl und Salz einen dünnflüssigen Pfannkuchenteig rühren, etwa eine halbe Stunde ruhen lassen. Nacheinander in einer kleinen Pfanne ca. 12 hauchdünne Crêpes backen.

Pilze putzen, abtupfen und feinblättrig schneiden, in heißer Butter anbraten. Kleingeschnittene Zwiebel, gehackte Petersilie, gehackte

Knoblauchzehe zugeben und kurz dünsten. Mit Mehl bestäuben und mit Sahne auffüllen. Einkochen lassen und mit Salz, Pfeffer und Zitronensaft würzen.

Crêpe auf vorgewärmte Teller legen, die Pilze darauf verteilen. Crêpe zuerst auf die Hälfte, dann auf ein Viertel zusammenfalten. Je drei Crêpes auf einen Teller setzen, mit geriebenem Parmesan überstreuen und unter dem heißen Grill knusprig werden lassen. Sofort servieren.

Pro Portion ca. 500 Kcal./2000 Kj.

Quinoa-Gemüse-Auflauf

4 Portionen

150 g Quinoa
350 ml Gemüsebrühe aus Extrakt
30 g Sonnenblumenkerne
1 Bund Lauch
2 – 3 Eier
1 Becher Crème fraîche
Hefestreuwürze
etwas Paprikapulver
Muskatnuß, frisch gerieben
40 g geriebener Käse
Fett für die Form

Quinoa in kochende Gemüsebrühe geben und bei geringer Energiezufuhr ca. 15 Minuten garen. Sonnenblumenkerne ohne Fett leicht anrösten. Lauch vorbereiten und in ca. 2 cm dicke Ringe schneiden. In kochendem Salzwasser 1-2 Minuten blanchieren. Abtropfen lassen.

Quinoa, Sonnenblumenkerne und Lauch mischen und in eine gefettete Auflaufform füllen.
Eier mit Crème fraîche, Hefestreuwürze, Paprikapulver und Muskat verrühren. Über die Quinoa-Lauch-Masse gießen. Mit geriebenem Käse bestreuen und im vorgeheizten Backofen bei 200° C ca. 30 Minuten überbacken.

Dazu paßt Rote-Bete-Rohkost.

Pro Portion ca. 450 Kcal./1800 Kj.

Risotto mit Kürbis

4 Portionen

500 g Kürbisfleisch
1 Zwiebel
60 g ungehärtete Pflanzenmargarine
400 g Avorio- oder Carnaroli-Reis
250 ml trockener Weißwein
1 l Gemüsebrühe aus Extrakt
Meersalz, schwarzer Pfeffer
4 EL geriebener fester Käse
2 EL grob gehackte Kürbiskerne

Kürbisfleisch und enthäutete Zwiebel würfeln, in 30 g heißem Fett andünsten. Reis zugeben und mit Wein ablöschen. Wein verkochen lassen und heiße Gemüsebrühe nach und nach zugießen, bis der Reis (ca. 30 Minuten) gar ist. Mit Salz und Pfeffer würzen. Einige Minuten durchziehen lassen. Restliches Fett und geriebenen Käse unterziehen.
Mit leicht angerösteten Kürbiskernen bestreuen.

Pro Portion ca. 350 Kcal./1400 Kj.

Grünkernfrikadellen

ca. 4 Portionen

ca. 100 g grobgeschroteter Grünkern
knapp 1/2 l Wasser
Meersalz, Lorbeerblatt
1 Ei
30-50 g Vollkornsemmelbrösel
Meersalz, Majoran, Pfeffer
gehackte Petersilie
1 mittelgroße, gewürfelte Zwiebel
Pflanzenfett zum Braten

Grünkernschrot in Wasser mit Salz und Lorbeerblatt aufkochen und ca. 15 bis 20 Minuten ausquellen lassen. Ab und zu umrühren.

Die Masse abkühlen lassen, das Lorbeerblatt entfernen und mit Ei, Vollkornsemmelbröseln, den Gewürzen, gehackter Petersilie und Zwiebelwürfeln vermengen. Ca. 10 Minuten durchziehen lassen.

Pro Portion ca. 280 Kcal./1120 Kj.

Geschnittenes oder geraspeltes Gemüse macht die Grünkernmasse lockerer, gewürfelter oder geriebener Käse bringt eine bessere Bindung und Nüsse verfeinern den Geschmack.

Tip

Diese Grundrezept-Frikadellenmasse kann mit Käsewürfeln, mit geschnittenen Pilzen oder mit beliebigem Gemüse, mit Kräutern der Provence, mit gerösteten Nüssen oder Sonnenblumenkernen vermischt werden.
Gut schmecken die Frikadellen auch mit Vollkornsemmelbröseln oder Sesam paniert und dann gebraten.

Olivennudeln
8 Portionen

800 – 1000 g Vollkornspaghetti oder Bandnudeln
150 ml kaltgepreßtes Olivenöl
6 Knoblauchzehen
1 Gläschen Kapern
1 Glas schwarze entkernte Oliven
1 Bund glatte Petersilie
150 g Schafskäse

Nudeln in Salzwasser kochen und abgießen. Olivenöl erhitzen, die in Scheiben geschnittenen Knoblauchzehen darin bräunen.
Abgetropfte Kapern, Oliven und Nudeln zugeben und im Olivenöl schwenken.
Mit gehackter Petersilie und zerbröseltem Schafskäse bestreuen.

Pro Portion ca. 490 Kcal./1960 Kj.

Steinpilznudeln

4 Portionen

---

250 g frische Steinpilze
1 kleine Zwiebel
1 Knoblauchzehe
40 g Butter
Meersalz
schwarzer Pfeffer aus der Mühle
1/2 Tasse Gemüse- oder Fleisch-
brühe
1 Schuß trockener Weißwein
1 TL Zitronensaft
1/8 l süße Sahne 30% Fett
2 EL gehackte glatte Petersilie
500 g Bandnudeln – Tagliatelle

Steinpilze putzen, mit einem Tuch
abreiben und in gleichmäßige
dünne Scheiben schneiden.
Zwiebel und Knoblauchzehe
schälen und sehr fein würfeln.

Butter erhitzen, Zwiebeln und
Knoblauch darin glasig dünsten.
Pilze zufügen und von beiden
Seiten zart bräunen lassen. Mit
Brühe, Wein und Zitronensaft vermischen und etwa fünf Minuten
dünsten. Sahne zugeben und
weitere zehn Minuten dünsten, bis
die Sauce dickflüssig geworden
ist. Gehackte Petersilie zugeben.

Zwischenzeitlich die Tagliatelle in
reichlich Salzwasser »al dente«
kochen, abgießen und sofort mit
der Sauce vermengen.

Pro Portion ca. 620 Kcal./2480 Kj.

Lauchnudeln

4 Portionen

---

400 – 500 g Vollkornhörnchen
2 Stangen Lauch
30 g Butter oder ungehärtete
Pflanzenmargarine
125 ml Sahne 30 % Fett
Meersalz
schwarzer Pfeffer
80 g geriebener Emmentaler
2 EL Sonnenblumenkerne

Nudeln kochen und abgießen.
Zwischenzeitlich den Lauch in
feine Ringe schneiden und in
Butter oder Margarine dünsten.

Die Nudeln in eine gefettete
Auflaufform füllen, Lauch zugeben
und untermischen. Sahne darüber-
gießen, mit Salz und Pfeffer
würzen und mit Käse und Sonnenblumenkernen bestreuen.
Bei 200° C ca. 30 Minuten im Ofen
überbacken.

Pro Portion ca. 690 Kcal./2760 Kj.

Tofu – die Alternative

Tomaten mit Tofu-Kräuterbällchen

4 Portionen

4-6 große Strauchtomaten
Meersalz, grob gemahlener
schwarzer Pfeffer
2 TL Balsamicoessig
5 EL kaltgepreßtes Nußöl
250 g Tofu
2 EL feingehackte Walnüsse
Hefestreuwürze
1 Knoblauchzehe
1/2 Bund Basilikum

Tomaten in dünne Scheiben
schneiden (den Stengelansatz
entfernen) und auf große Teller
verteilen. Salzen, pfeffern und mit
Balsamicoessig und 3 Eßlöffeln
Nußöl beträufeln.

Tofu sehr fein zerkrümeln und mit
Walnüssen, Hefestreuwürze, fein-
gehacktem Knoblauch, feinge-
hacktem Basilikum (einige Blätter
zur Garnitur zurücklassen) und
2 Eßlöffeln Nußöl vermischen.

Mit feuchten Händen kleine
Bällchen formen und auf den
Tomaten verteilen. Mit ganzen
Basilikumblättern garnieren.

Dazu paßt selbstgebackenes
Fladenbrot, Seite 78.

Pro Portion ca. 300 Kcal./1200 Kj.

Tofu in Nuß-Käse-Hülle

4 Portionen

250 g Tofu
4 EL Sojasauce
3 EL gemahlene Haselnüsse
1 Ei
Hefewürze
Kokosfett für die Pfanne
200 g Zuckerschoten
20 g Butter
Kräuter-Meersalz
1/2 Zitrone

Tofu in Scheiben schneiden und
ca. 30 Minuten in Sojasauce mari-
nieren.
Haselnüsse mit dem Ei und Hefewürze mischen und die Tofuscheiben darin wenden. Die Panade
leicht andrücken und die Scheiben in heißem Fett goldgelb aus-
backen.

Zuckerschoten in kochendem
Wasser ca. 2 Minuten blanchieren.
Abgießen, mit Butter und Meersalz
abschmecken.

Die Tofuscheiben auf den Zuckerschoten anrichten.
Mit Zitronenachteln servieren.

Dazu paßt Kartoffel-Möhren-
Püree.

Pro Portion ca. 350 Kcal/1400 Kj.

Spargel mit geräucherten Tofustreifen

4 Portionen

1 kg grüner Spargel
Salzwasser
Gemüsebrüheextrakt
30 g Margarine
1 kleine Zwiebel
200 g Avorio Reis
1 Lorbeerblatt
1 Tasse Weißwein
Safran, weißer Pfeffer, Hefewürze
250 g Tofu, geräuchert
Paprikapulver
2 EL Vollkornmehl
Fett für die Pfanne

Spargel wenn nötig schälen, die harten Enden abschneiden.
In leicht gesalzenem Wasser (ca. 700 – 800 ml) ca. 5 Minuten garen. Herausnehmen, die Spargelbrühe auffangen und mit Gemüsebrüheextrakt würzen.

Margarine erhitzen, die sehr klein geschnittene Zwiebel darin andünsten, ebenfalls den Reis. Lorbeerblatt zugeben und einen Teil der heißen Gemüsebrühe und Wein zugießen. Die restliche Flüssigkeit nach und nach zugießen. Mit Safran, Pfeffer und Hefewürze abschmecken. Der Reis sollte breiig, nicht körnig sein und ist nach ca. 35 Minuten fertig.
Spargel in 3 cm lange Stücke schneiden, leicht untermischen. Tofu in Streifen schneiden, zart würzen und mit Mehl bestäuben. In heißem Fett braten und zum Reis servieren.

Pro Portion 510 Kcal./2040 Kj.

Tofu-Radieschen-Creme mit Rosmarinkartoffeln

4 Portionen

600 g gleich große Kartoffeln
Meersalz, schwarzer Pfeffer
kaltgepreßtes Sonnenblumenöl
1 Zweig Rosmarin
250 g Tofu
1/2 Tasse Sojamilch oder Kuhmilch
Hefewürze,
1 Prise Paprikapulver
Saft von 1/2 Zitrone
1 Bund Radieschen

Kartoffeln gründlich bürsten, dann halbieren und auf ein gefettetes Backblech setzen.
Salzen, pfeffern und mit Öl bestreichen. Rosmarinnadeln abstreifen und auf den Kartoffeln verteilen.
Im vorgeheizten Backofen ca. 25 Minuten backen.
Zwischenzeitlich Tofu und Milch mit dem Schneidestab pürieren. Mit Hefewürze, Paprika und Zitronensaft würzen.
Radieschen stifteln, zu der Tofucreme geben.

Mit den Rosmarinkartoffeln servieren.

Pro Portion ca. 360 Kcal./1440 Kj.

Gemüse-Tofutaschen

4 Portionen

Teig

250 g Weizenvollkornmehl
Meersalz
60 g Butter

Füllung

1 Stange Lauch, 2 mittelgroße Möhren, 2 Zucchini
125 g Tofu, 3 Eigelb
Pfeffer, Hefestreuwürze, 1 zerdrückte Knoblauchzehe
1 Bund Schnittlauch

Sauce

1 gehackte Zwiebel, 1 Tasse Gemüsebrühe
6 EL Erdnußmus
2 EL Zitronensaft
Meersalz, 1 TL Sojasauce, 1/2 TL Honig
Fett zum Fritieren

Mehl mit 1/8 l Wasser, Meersalz und weicher Butter verkneten. In Folie einschlagen und ca. 30 Minuten stehen lassen.

Für die Füllung Lauch sehr fein schneiden, Möhren und Zucchini grob reiben, in heißem Öl anbraten, einige Minuten dünsten, abkühlen lassen.
Tofu zerbröseln, mit Eigelb (Eiklar aufheben), Pfeffer, Hefestreuwürze, Knoblauch und geschnittenem Schnittlauch zu dem Gemüse geben und vermischen. Zwischenzeitlich den Teig in acht Stücke teilen und dünne runde Teigplatten ausrollen.

Die Ränder mit Eiklar bestreichen. In der Mitte jeweils das Gemüse verteilen. Zusammenklappen und in heißem Fett auf jeder Seite ca. 3-4 Minuten fritieren.
Für die Sauce die Gemüsebrühe erhitzen, die Zwiebel darin pürieren. Erdnußmus einrühren, mit Zitronensaft, Salz, Sojasauce und Honig abschmecken.
Die Gemüsetaschen auf der Erdnußsauce servieren.

Pro Portion ca. 500 Kcal./2000 Kj.

Spinat-Tofu-Suppe

4 Portionen

400 g Blattspinat
2 EL Weinbeeren
2 Knoblauchzehen
1 Zwiebel
1 Stange Lauch
2 EL kaltgepreßtes Sonnenblumenöl
3/4 l Gemüsebrühe aus Extrakt
250 g Tofu natur
4 EL Crème fraîche
Muskatblüte, Meersalz

Blattspinat waschen, abtropfen lassen. 2 EL Weinbeeren in Wasser einweichen. Knoblauchzehen, Zwiebel und Lauch vorbereiten, in kleine Stücke schneiden und in heißem Öl anbraten.
Spinat und zerbröselten Tofu zugeben. Mit Gemüsebrühe auffüllen, ca. 8 – 10 Minuten garen. Mit dem Schneidestab pürieren.
Mit Crème fraîche, Muskat und Meersalz abschmecken.
Die ausgedrückten Weinbeeren zum Schluß zugeben.

Pro Portion ca. 300 Kcal./1200 Kj.

Desserts – traumhaft

Mohnklößchen in Aprikosensauce

4 Portionen

100 g gemahlener Mohn
300 ml Milch
1 Pck. Vanillezucker
2 EL Honig
1 Prise Naturvanille
40 g Butter
60 g Weizenvollkornmehl
1 Ei
1 Prise Meersalz
Salzwasser

Sauce

ca. 12 Trockenaprikosen,
ungeschwefelt
200 ml Apfelsaft

Mohn in kochender Milch ca.
10 Minuten garen.
Abkühlen lassen und mit Vanillezucker, Honig und Vanille
abschmecken.
Butter erhitzen, Mehl einstreuen.
Bei geringer Energiezufuhr ca.
5 Minuten rühren, bis sich der Teig
als Kloß vom Topfboden löst.
Ei und Salz unterrühren.
Den Mohn unter den Teig mischen.
Von dem Mohnteig kleine Klößchen abstechen und in leicht

kochendem Wasser ca. 10 Minuten garen.
Die in Apfelsaft eingeweichten
Aprikosen pürieren und zu den
heißen Mohnklößchen servieren.

Pro Portion ca. 310 Kcal./1240 Kj

Bananen-Mandelcreme

4 Portionen

30 g Mandelstifte
2-3 reife Bananen
Saft und Schale von einer unbehandelten Orange
4 EL Mandelmus
4 EL Sanoghurt
je 1 Pr. Vanille, Kardamon
wenig Ingwerpulver
2 EL Vollzucker
evtl. 1 Msp. Biobin

Mandeln ohne Fett kurz anrösten,
auskühlen lassen.
Bananenscheiben mit Orangensaft und -schale pürieren. Mandelmus, Sanoghurt, Gewürze und
Vollzucker zugeben, cremig
rühren und evtl. mit Biobin
andicken. In Dessertschalen füllen
und mit Mandeln bestreuen.

Pro Portion 220 Kcal./880 Kj.

Apfel-Grütze

4 Portionen

1/2 l naturtrüber Apfelsaft
1/2 l Wasser
Schale einer unbehandelten Zitrone
60 g Perltapioka
1 mittelgroßer Apfel
2 Kiwis
2 EL Honig (Linde, Akazie)
Zimt, gemahlene Nelken

Apfelsaft und Wasser erhitzen, Zitronenschale zugeben, Perltapioka einrühren und bei geringer Energiezufuhr ca. 30 Minuten ausquellen lassen. Nach 20 Minuten den grobgeraspelten Apfel, eine kleingeschnittene Kiwi, Honig und die Gewürze zugeben.
Die Grütze in Portionsschalen füllen, kühlstellen und vor dem Servieren mit Kiwischeiben garnieren.

Pro Portion ca. 200 Kcal./800 Kj.

Mango mit Sanddorn

4 Portionen

1 Becher Schlagsahne, 150 g
1 Becher Sanoghurt, 150 g
1 Prise Vanillezucker
3 EL Sanddornvollfrucht, gesüßt
2 gut ausgereifte Mangos
2 EL gestiftelte Mandeln, leicht angeröstet

Sahne steif schlagen, mit Sanoghurt verrühren und mit Vanillezucker und Sanddornvollfrucht abschmecken.

Mangos schälen, das Fruchtfleisch fächerartig vom Kern lösen und auf 4 Tellern verteilen.
Die Sanddorncreme über die Mangostücke gießen. Mit Mandeln bestreuen.

Pro Portion 270 Kcal./1080 Kj.

Quarkgratin mit Früchten

4 Portionen

500 g Quark 40 % F. (Topfen)
500 – 600 g Früchte der Saison Beeren, Aprikosen, Pfirsiche usw.
4 Eier, getrennt
1 Prise echte Vanille
150 g Vollzucker oder Ursüße
1 Prise Meersalz
fein abgeriebene Schale einer unbehandelten Zitrone
fein geschnittene Limettenstreifen
3 EL Hirseflocken

Quark (Topfen) in einem Sieb abtropfen lassen.
Früchte waschen, Aprikosen und Pfirsiche enthäuten und in dünne Scheiben schneiden. Kühl stellen.

Eiklar steif schlagen. Eigelb mit Vollzucker oder Ursüße (möglichst im Mixer zu Staubzucker vermahlen), Vanille, Meersalz und Zitronenschale schaumig rühren.
Quark, Hirseflocken und Eischnee zugeben und alles vorsichtig miteinander vermengen. 2/3 der Früchte zugeben.
Die Masse in eine flache ausgefettete Form geben. Die restlichen Beeren oder Früchte darauf verteilen.
Im vorgeheizten Backofen bei 180° C ca. 35-40 Minuten backen. Nach ca. 10 Minuten die Backofenhitze ausschalten und das Gratin nachziehen lassen.

Mit Limettenstreifen bestreuen.

Pro Portion ca. 450 Kcal./1800 Kj.

Zwetschgen im Teigmantel

4 – 6 Portionen

700 g Zwetschgen
220 g Vollkornmehl
2 Eigelb
1 Prise Meersalz
5 EL Sonnenblumenöl
320 ml Bier, ersatzweise Milch
Vollzucker und Zimt zum Bestreuen
Bratöl zum Fritieren aus dem Reformhaus

Zwetschgen waschen, entsteinen, gut trocknen.
Vollkornmehl mit Eigelb, Salz, Öl, Bier oder Milch und 1 EL Vollzucker verrühren. Teig ca. 20 Minuten stehen lassen.
Zwetschgen in den Bierteig tauchen und in heißem Fett (in einem schmalen, hohen Topf, damit nicht soviel Fett benötigt wird) goldgelb ausbraten. Noch heiß mit Zucker und Zimt bestreuen.

Pro Portion ca. 450 Kcal./1800 Kj.

Quarkplätzchen mit Erdbeerpüree

4 Portionen

Teig

2 EL Butter oder Margarine
2 EL Vollzucker
1 Pck. Vanillezucker
Schale von einer unbehandelten Zitrone
2 Eier
60 g Weizenmehl Type 1050
2 EL Vollwertgrieß
250 g Quark 20% Fett (Topfen)
Kokosfett zum Braten

Püree

300 g Erdbeeren
2 EL Frutilose*
Saft von 1/2 Zitrone
1/2 TL Biobin
8 – 12 Minzeblätter

Fett, Zucker, Vanillezucker, Zitronenschale, Eier, Mehl, Grieß und Quark miteinander verrühren. Ca. 20 Minuten quellen lassen.

12 flache Plätzchen formen und in heißem Fett goldgelb braten.

Zwischenzeitlich Erdbeeren pürieren, mit Frutilose und Zitronensaft abschmecken. Mit Biobin leicht andicken.
Die warmen Plätzchen auf dem Püree anrichten und mit kleinen Minzeblättern garnieren.

Pro Portion 220 Kcal./880 Kj.

*erhältlich im Reformhaus

Mandelomelette mit Holundercreme

4 Portionen

4 Eier
80 g fein gemahlene Mandeln
1 Prise Zimt
1 Prise Vanille
30 g Vollzucker oder Ursüße
evtl. 2 EL Amaretto oder 2 EL Ahornsirup
1 Prise Meersalz
40 g Butter oder ungehärtete Pflanzenmargarine
2 EL Mandelblättchen
4 EL Holunderkonfitüre
100 ml Crème fraîche

Zwei ganze Eier und zwei Eigelb mit gemahlenen Mandeln, Zimt, Vanille, Vollzucker oder Ursüße und Amaretto oder Ahornsirup verrühren.

Das restliche Eiklar steif schlagen und unter die Masse heben.

In einer kleinen Pfanne jeweils 10 g Butter schmelzen und bei milder Hitze nacheinander darin 4 Omelettes braten.

Die Mandelblättchen ohne Fett goldgelb rösten.
Holunderkonfitüre mit Crème fraîche verrühren und jeweils einen Klacks Holundercreme auf die Omelettes geben.
Mit Mandelblättchen bestreuen.

Pro Portion ca. 490 Kcal./1960 Kj.

Preiselbeerblinis

4 Portionen

1 Glas Preiselbeeren ca. 300 g
200 g Buchweizenmehl
1 TL Trockenhefe
150 ml lauwarme Milch
4 Eier, getrennt
3 EL Honig
1 Pck. Vanillezucker
4 EL gehackte Haselnüsse
Kokosfett für die Pfanne

Preiselbeeren abtropfen lassen. Buchweizenmehl mit Hefe, Milch, Eigelb, Honig und Vanillezucker verrühren. Ca. 1/2 Stunde quellen lassen. Eiklar steif schlagen und mit den Nüssen vorsichtig unter den Teig heben.
Kokosfett in der Pfanne erhitzen, ein Viertel des Teiges hineingeben, kurz anbraten, dann wenden und ein Viertel der Preiselbeeren darauf verteilen.
Die Blinis nach und nach von beiden Seiten goldgelb braten.

Pro Portion ca. 400 Kcal./1600 Kj.

Tip
Schlagsahne paßt gut dazu.

Lavendelflan

4 Portionen

3 – 4 Tropfen Aromaöl Lavendel
4 Eier
1/2 l Milch
100 ml Sahne 30% Fett
2 EL Honig, Linde-Akazie
1 Pck. Vanillezucker
Lavendelblüten

Die Zutaten miteinander verrühren. Abschmecken und in kleine ausgefettete Auflaufförmchen füllen. Im Wasserbad bei 120° C im Backofen ca. 50 Minuten stocken lassen.
Stürzen und gut gekühlt mit Sahne servieren.

Eventuell mit Lavendelblüten garnieren.

Pro Portion ca. 300 Kcal./1200 Kj.

Orangenparfait

4 Portionen

3 Eier, getrennt
2 Pck. Vanillezucker
3 EL Vollzucker
1 Prise Meersalz
3 Tropfen Aromaöl Orange
250 ml Sahne 30% Fett
50 g Orangeat
Orangenscheiben

Eigelb mit Vanillezucker und Vollzucker schaumig rühren. Eiklar mit Salz steifschlagen. Sahne mit dem Aromaöl mischen und steif schlagen. Orangeat sehr klein schneiden und alles vorsichtig miteinander vermischen. Ca. 90 Minuten ins Gefrierfach stellen.

Mit dem elektrischen Handrührer gut durchrühren und wieder tiefkühlen. Vorgang nochmals wiederholen.

Parfait in Scheiben schneiden und mit halbierten Orangenscheiben garniert servieren.

Pro Portion ca. 340 Kcal./1360 Kj.

Backen pikant

Quiche

Quiche-Teig-Grundrezept
für ca. 15 Förmchen, Ø 10 cm

500 g Weizenvollkornmehl,
leicht ausgesiebt oder
Weizenmehl Type 1050

250 g Butter oder ungehärtete
Pflanzenmargarine

2 Eier

1 TL Meersalz

Mehl auf ein Backbrett geben,
Butter oder Margarine in kleinen
Flöckchen darauf verteilen, Eier
und Meersalz einkneten, bis ein
geschmeidiger Teig entsteht.
Ca. 1 Stunde kühl stellen.

Auf wenig Mehl dünn ausrollen
und die Förmchen damit auslegen.

Tip
Teig und Guß reichen auch für
zwei große Formen von 28 cm Ø.
Die Kuchen müssen dann etwas länger backen.

* erhältlich im Reformhaus

Guß

1 Becher Schlagsahne 250 ml

1 Becher saure Sahne 150 ml

5 - 6 Eier

Meersalz

schwarzer Pfeffer, frisch gemahlen

1 Prise Picata*

Schlagsahne, saure Sahne und
Eier verrühren, mit den Gewürzen
abschmecken und über den
jeweiligen Belag gießen.

Quiche mit Fenchel

5 Fenchelknollen

1/2 l Gemüsebrühe aus Extrakt

200 g milder Blauschimmelkäse

1 TL Fenchelsamen

3 EL Sonnenblumenkerne

Fenchel in Scheiben schneiden
und in Gemüsebrühe bißfest garen. Abtropfen lassen und den
Teig damit belegen. Käsewürfel
auf dem Fenchel verteilen, Fenchelsamen und Sonnenblumenkerne darüberstreuen. Guß einfüllen und die Törtchen im
vorgeheizten Backofen bei 175° C
ca. 30 – 40 Minuten backen.

Pro Förmchen ca 480 Kcal./1920 Kj.

Lauchkuchen

Grundrezept
für ca. 16 Förmchen 10 cm ⌀
oder eine große Form 28 cm ⌀

Teig

200 g Quark 20 % Fett (Topfen)	
5 EL Milch	
7 EL kaltgepreßtes Pflanzenöl	
1 TL Meersalz	
1-2 Eier	
400 g Weizenvollkornmehl	
1 Pck. Weinstein Backpulver	

Belag

1 kg Lauch	
20-30 g Butter	
50 g Kürbiskerne	
2 zerdrückte Knoblauchzehen	
Meersalz	
Schabziegerklee, siehe Seite 16	
125 g Schmand 24% Fett	
3 Eier	
30 g geriebener Hartkäse	

Quark mit Milch, Öl, Salz, und den Eiern glattrühren. Mehl und Backpulver einrühren und einen geschmeidigen Teig kneten.
Ca. 1 Stunde kühl stellen. Den Teig auf wenig Mehl dünn auswellen, die Förmchen damit belegen.

Lauch vorbereiten und in feine Scheiben schneiden. Fett erhitzen und Kürbiskerne und Lauch darin andünsten. Knoblauch, Meersalz und Schabziegerklee zugeben. Schmand mit Ei verquirlen, über dem Lauch verteilen und mit geriebenem Käse bestreuen.
Im vorgeheizten Backofen bei 200° C ca. 35-40 Minuten backen.

Pro Förmchen ca. 300 Kcal./1200 Kj.

Tip
Dieser Teig läßt sich sehr schnell und problemlos herstellen. Er kann portionsweise eingefroren werden.

Pilztarte

ca. 6 – 8 Portionen

Teig

300 g Weizenmehl Type 1050 oder leicht ausgesiebtes Vollkornmehl
200 g gekühlte Butter
1 großes Ei
1 EL Vollzucker
1 Prise Meersalz

Belag

400 g Austernpilze
400 g Champignons
2 Schalotten
3 EL kaltgepreßtes Pflanzenöl
1 Bund glatte Petersilie
2 Eier
100 g Crème fraîche
Meersalz, weißer Pfeffer
etwas abgeriebene Zitronen- schale von einer unbehandelten Zitrone
2 EL Zitronensaft
3 EL geriebener Käse

Für den Teig das Mehl auf ein Backbrett schütten, eine Mulde hineindrücken. Butter vierteln, Ei, Zucker und Salz zugeben und alles zu einem glatten Teig ver- kneten. Ca. 1 Stunde kühlstellen.

Für die Füllung Pilze rasch waschen und in Scheiben oder Würfel schneiden, Schalotten wür- feln und in heißem Öl anbraten, mit den Pilzen 3 – 5 Minuten dünsten.
Petersilie hacken und zugeben.

Den Teig auswellen und eine Tarteform oder kleine Förmchen

damit belegen. Die gedünsteten Pilze darauf verteilen.
Eier mit Crème fraîche verrühren, mit Salz, Pfeffer, Zitronenschale und -saft abschmecken und vor- sichtig auf den Pilzen verteilen. Dünn mit geriebenem Käse be- streuen.

Dazu paßt herbstlicher Salat.

Pro Portion ca. 470 Kcal./1880 Kj.

Pizza – Mista

Pizzateig-Grundrezept für ca. 16 Förmchen 10 cm Ø oder ein Blech 34 x 40 cm

Teig

450 g Weizenvollkornmehl, evtl. leicht ausgesiebt
1 Pck. Trockenhefe
250 ml warme Milch
1/2 TL Honig
1 TL Meersalz

Belag

5 Tomaten
10 EL kaltgepreßtes Olivenöl
Meersalz, schwarzer Pfeffer
2 Zwiebeln
2 Zucchini
250 g Champignons
1 Stange Lauch
Hefestreuwürze
Thymian
150 g geriebener Käse

Vollkornmehl, Trockenhefe, Milch, Honig und Meersalz miteinander verrühren, dann einen geschmei- digen Teig kneten. Ca. 30 Minuten gehen lassen, nochmals durchkneten. Eine lange Rolle formen und in ca. 16 Stücke schneiden. Die Förmchen mit je einem Stück auslegen, festdrücken und ca. 15 Minuten gehen lassen.

Tomaten in kochendes Wasser tauchen, enthäuten und pürieren. Mit 3 Eßlöffeln Öl, Salz und Pfeffer mischen und auf den Teig streichen.

Zwiebel, Zucchini, Champignons und Lauch in dünne Scheiben schneiden und in 3 Eßlöffeln heißem Olivenöl andünsten. Auf dem Teig verteilen. Mit Hefestreuwürze und Thymian würzen, den Käse darüberbröseln.

Im vorgeheizten Backofen bei 200° C ca. 25-30 Minuten backen.

Pro Förmchen ca. 250 Kcal./1000 Kj.

Tip

Die Pizza einmal nur mit gedünsteten Zwiebelringen und Oliven belegen (siehe Abbildung Seite 75).

Zucchinikuchen

8 Portionen

Grundrezept Hefeteig, Seite 76 aus 500 g Vollkornmehl
6 reife Fleischtomaten
30 g kaltgepreßtes Olivenöl
4 EL Tomatenmark
2 zerdrückte Knoblauchzehen
Hefewürze, Kräuter der Provence
50 g Walnüsse, grob gehackt
1 kg kleine Zucchini
4 Eier
200 ml Milch
125 g Schmand oder dicke saure Sahne 24% Fett
1/2 Bund glatte Petersilie
10 Blätter Basilikum
200 g geriebener Käse
Meersalz, Pfeffer

Hefeteig auf einem Backblech auswellen, ringsum einen Rand hochziehen.
Fleischtomaten kurz in kochendes Wasser tauchen, enthäuten und entkernen. Mit dem Pürierstab zerkleinern.
Mit Olivenöl, Tomatenmark, Knoblauch, Hefewürze und Kräuter der Provence verrühren. Die Masse auf dem Hefeteig ausstreichen.
Mit gehackten Nüssen bestreuen.
Zucchini in Scheiben schneiden und darauf verteilen.
Eier, Milch und Schmand verquirlen. Petersilie und Basilikum kleinschneiden, die Hälfte des Käses, Salz und Pfeffer zu der Eimasse geben, über die Zucchini gießen. Den restlichen geriebenen Käse darüberstreuen.
Im vorgeheizten Backofen bei 200° C ca. 35 – 40 Minuten backen.
Pro Portion ca. 500 Kcal./2000 Kj.

Kräuterfladen

6 – 8 Fladen

500 g Vollkornmehl
1/2 l lauwarmes Wasser
1 Pck. Trockenhefe
100 ml kaltgepreßtes Olivenöl
1 1/2 TL Kräutersalz
3 EL Kräuter der Provence
ca. 25 schwarze, entsteinte Oliven

Mehl mit Trockenhefe mischen
und mit Wasser, 80 ml Olivenöl,
Kräutersalz und 2 Eßlöffeln Kräutern verrühren. Mit dem Handrührer oder per Hand gut durchkneten, bis ein geschmeidiger Teig
entsteht.
Ca. 1 Stunde gehen lassen.

Aus dem Teig 6 – 8 Kugeln formen
und jeweils einen Fladen auswel-
len.Die Fladen auf ein gefettetes
Backblech legen. Mit restlichem
Öl bestreichen, mit restlichen Pro-
vence-Kräutern bestreuen und mit
halbierten Oliven belegen. Beides
leicht festdrücken und die Fladen
nochmals ca. 15 Minuten gehen
lassen.
Im vorgeheizten Backofen bei
220° C ca. 15 Minuten backen.

Die Fladen passen zu Salat mit
Schafs- oder Ziegenkäse.

Pro Fladen ca. 400 Kcal./1600 Kj.

Sesamfladenbrot

500 g feinstgemahlenes Vollkornmehl
1 Päckchen Trockenhefe
300 ml lauwarmes Wasser
1 EL Honig
1 – 2 TL Meersalz
1 – 2 Eier
2 EL kaltgepreßtes Pflanzenöl
100 g leicht angerösteter Sesam
lauwarme Milch

Mehl und Hefe in eine Schüssel
geben und mit Wasser und Honig
verrühren. Ca. 20 Minuten gehen
lassen.
Die restlichen Zutaten und die
Hälfte des Sesams einrühren, Teig
gut kneten und nochmals ca.
45 Minuten gehen lassen.

Teig erneut durchkneten und zu
einer Kugel formen. Ein Loch in
die Mitte drücken und vorsichtig
einen Ring formen. Mit lauwarmer
Milch bestreichen und mit Sesam
bestreuen. Nochmals ca. 30 Minuten gehen lassen.
Im vorgeheizten Backofen bei ca.
220° C ca. 35 bis 40 Minuten
backen.

Pro Brot ca. 2300 Kcal./9200 Kj.

Rezepte von A bis Z

Vitale Küche

Vollwertküche für 1 Person
Von Marlis Weber
Gesunde Rezepte für den Einpersonen-
Haushalt mit Tips für Vorratshaltung,
Küchentechnik und Resteverwertung.
107 Seiten, 41 Farbfotos, Glanzeinband.
ISBN 3-7750-0251-0

Über 200 Rezepte für köstliche Vollwert-
gerichte mit Mais, Weizen, Roggen,
Hafer, Buchweizen, Gerste und Reis.
Tips zur Küchentechnik.
191 Seiten mit 16 Farbfotos,
16,5 x 21 cm, Paperback.
ISBN 3-7750-0176-X

Vollkornbackbuch
Von Marlis Weber
Aus echtem Schrot und Korn – kernig-
köstliche Rezepte für Brote und Brötchen,
pikante oder süße Kuchen und Gebäck.
86 Seiten mit 38 Farbfotos, 17,5 x 25 cm,
Glanzeinband. ISBN 3-7750-0242-2

Indisch kochen – vegetarisch
Von S. Issar / M. Kopecky
Die schönsten vegetarischen Original-
rezepte aus Indien mit Menüvorschlägen
und Gewürzkunde.
80 Seiten mit 70 Farbfotos.
ISBN 3-7750-0222-7

Chinesisch kochen – vegetarisch
Von Ho Fu Lung
Der bekannte chinesische Küchenmeister
zeigt raffinierte, vitamin- und nährstoff-
reiche Rezepte aus dem Reich der Mitte,
dazu Schneide- und Kochtechniken.
71 Seiten, 24 Farbfotos, Glanzeinband.
ISBN 3-7750-0296-0

Lebensmittel-Allergien
Von Weber, Goll und Küllenberg
Lebensmittel-Allergien erkennen und behan-
deln durch gezielte Ernährung. Ursachen,
Suchkost, Küchenpraxis mit rund 100 Re-
zepten und anschaulichen Tabellen.
135 Seiten mit 8 Farbfotos, 16,5 x 21 cm,
Paperback. ISBN 3-7750-0199-9

Hädecke-Bücher
machen Appetit!

Weitere Informationen können Sie kostenlos anfordern bei:
Walter Hädecke Verlag, Postfach 1203, D-71256 Weil der Stadt
Telefon 0 70 33 / 52 98 30, Fax 0 70 33 / 52 98 31